I0240245

www.ingramcontent.com/pod-product-compliance
Lightning Source LLC
Chambersburg PA
CBHW081300170426
43198CB00017B/2858
9781771435215

My Guide Inside (Book II) Intermediate Teacher's Manual
Hebrew Language Edition

המדריך הפנימי שלי
להכיר את עצמי ולהבין את עולמי
ספר 2

מדריך למורה

כריסטה קמפסול
עם
קת'י מרשל אמרסון

תרגום: אביבה פשחור

שיחות חינוכיות מתוך הבנת שלושת העקרונות
myguideinside.com

CCB Publishing
British Columbia, Canada

My Guide Inside (Book II) Intermediate Teacher's Manual Hebrew Language Edition
המדריך הפנימי שלי
להכיר את עצמי ולהבין את עולמי
ספר 2
Copyright © 2018, 2022 by Christa Campsall – http://www.myguideinside.com
ISBN-13   978-1-77143-521-5
First Edition

Library and Archives Canada Cataloguing in Publication
Title: My guide inside (book II) intermediate teacher's manual Hebrew language edition / by Christa Campsall with Kathy Marshall Emerson, translated by Aviva Pashchur.
Names: Campsall, Christa, 1954-, author.
Issued in print and electronic formats.
ISBN 9781771435215 (softcover) | ISBN 9781771435222 (PDF)
Additional cataloguing data available from Library and Archives Canada

My Guide Inside® is a registered trademark of Christa Campsall (3 Principles Ed Talks)
Authored With: Kathy Marshall Emerson
Conceptual Development: Barbara Aust and Kathy Marshall Emerson
Design: Josephine Aucoin
Production: Tom Tucker
Contributions: Jane Tucker and Dr. William Pettit
Webmaster: Michael Campsall
Translation: Aviva Pashchur
Editing: Orit Eshel PhD.

Extreme care has been taken by the author to ensure that all information presented in this book is accurate and up to date at the time of publishing. Neither the author nor the publisher can be held responsible for any errors or omissions. Additionally, neither is any liability assumed for damages resulting from the use of the information contained herein.

All rights reserved. No part of this work covered by copyright herein may be reproduced or used in any form or by any means—graphic, electronic or mechanical—without the prior written permission of the author, except for reviewers who may quote brief passages. Any request for photocopying, recording, taping or storage on information retrieval systems for any part of this work shall be directed in writing to the author at myguideinside.com

למה ינשוף?
לאורך השנים כמורה, קיבלה כריסטה ינשופים שונים כמתנה. היא אוהבת אותם כסמל לחכמה שכולנו חולקים. החל מימי קדם ולאורך ההיסטוריה, תרבויות שונות ראו בינשוף עוף הקשור לחכמה והדרכה. עיני הינשוף העגולות והגדולות מסמלות ראיית ידע. למרות שלעיתים הוא מקושר לרעיונות אחרים, בשל הקשר לחכמה, להדרכה ולראיית ידע, נבחר הינשוף כסמל הגרפי של המדריך הפנימי שלי. כריסטה מקווה שפרשנות זו משמעותית גם עבורכם. מי שיצר את הגרפיקה של המדריך הפנימי הוא אחד מתלמידיה לשעבר של כריסטה שהינו גרפיקאי כיום, ג'ו אוקין.

Publisher: CCB Publishing
              British Columbia, Canada
              www.ccbpublishing.com

תוכן העניינים

תוצאות: על מה בני נוער מדווחים iv
מבוא v
מטרות המדריך הפנימי שלי vi
מילות עידוד למורים 1
סקירה כללית להוראת המדריך הפנימי שלי 2
מבוא למטרות ומערכי שיעורים 7

לימוד היסודות
מערך שיעור פרק 1 - לגלות את המדריך הפנימי 8
מערך שיעור פרק 2 - להכיר את המתנה הכי נהדרת בעולם 10

לימוד מהחיים
מערך שיעור פרק 3 - שיתוף = אכפתיות 12
מערך שיעור פרק 4 - לגלוש על הגל 14
מערך שיעור פרק 5 - חברות זה הדבר הטוב ביותר 16
מערך שיעור פרק 6 - תובנה עושה את כל ההבדל 18

נעים קדימה
מערך שיעור פרק 7 - גלגלי הלמידה ממשיכים להסתובב 20
מערך שיעור פרק 8 - אתם פלא 22
מערך שיעור פרק 9 - מילים עוצמתיות מעשירות את חייכם 25
מדדי הערכה 26

שילוב המפ"ש במערכת החינוך 31
בהקשר הנוכחי של מדיניות החינוך 31
יעדי למידה חינוכיים ומיומנויות 33
משאבים נוספים 35
המפ"ש בהקשר של מחקרים ותיאוריות עדכניות 38
תודות 42
סקירה כללית של תכנית הלימודים המקיפה של המדריך הפנימי שלי .. 43
אודות המחברות 44
מה אומרים אנשי מקצוע על המדריך הפנימי שלי 44

תוצאות: מה מעידים בני נוער

בני נוער אמיתיים, בגילאי 8-12, איתם היתה לנו הזכות לעבוד, מתארים את חוויותיהם מלימוד העקרונות שהמדריך הפנימי שלי [להלן – המפ"ש] בוחן.

- "הידיעה שיש כוח בפנים לעזור לכולנו היתה הדבר המשמעותי ביותר עבורי."
- "לא חשבתי על 'מחשבה' וזה גרם לי לחשוב! האופן בו אנחנו רואים את החיים משפיע על החיים."
- "השעורים האלה עזרו לי... לא לאפשר לעצמי להתעצבן ולא לאפשר למישהו אחר להשפיע עלי ולהרוס לי את היום."
- "לא יכולתי להבין את הבעיה. אז הנחתי לה ואז זה בא אלי. אם יש לכם ראש שקט, אתם יכולים להבין את זה. בראש שקט, יש יותר מקום לחשוב."
- "מחשבה היא כמו זרע, היא צומחת לתחושה שנפתחת בתוככם. אתם מחליטים לשחרר אותה או לשמור אותה, אם היא טובה. יש לכם תמיד את רשות הבחירה. זה נכון עבורכם ועבורי!"
- "היתרון של אופטימיות היא שאתם יכולים לעשות דברים שאתם רוצים כי אתם יודעים שאתם יכולים."
- "השכל הישר שלכם מדריך אתכם. אני יודע שהשכל הישר שובר את המחשבות השליליות שלכם. זה עוזר להתגבר על דברים ומקל עליהם."
- "עזר לי לדעת להירגע כשאני כועסת."
- "כמעט כל רעיון או עובדה שלמדתי בשעורים האלה כבר עזרו לי וימשיכו לעזור לי."
- "הרעיונות ששיתפנו בכיתה יכולים לעזור לא רק לי אלא ככל הנראה לכל אחד בעולם."

מבוא

אם אתם קוראים ספר זה, זה אומר שאתם והתלמידים שלכם יוצאים לתהליך משנה חיים יוצא דופן. אני פסיכיאטר, זקן מספיק כדי להיות הסבא של התלמידים שלכם. אני רוצה לחלוק איתכם מסר אישי מאד.

במהלך חיי, נאלצתי למעוד ולפול, תוך כדי שאני עושה כמיטב יכולתי מתוך ההבנה המוגבלת שהייתה לי על הטבע האמיתי שלי. לא ידעתי כיצד נוצרת החוויה שלי מרגע לרגע. לא היה לי שמץ של מושג שיש לי בהישג יד חכמה שזמינה תמיד ויכולה להדריך אותי בכל האתגרים בחיי.

ביליתי 26 שנות לימוד כדי להפוך לפסיכיאטר, אבל לא למדתי דבר על בריאות נפשית אמיתית. במשך שנים רבות, בעת שטיפלתי במטופלים, הייתי בעצמי שרוי בדיכאון.

אבל התמזל מזלי! נקרתה בפני ההזדמנות ללמוד את שלושת העקרונות וחיי האישיים ועבודתי הקלינית השתנו לנצח. תסמכו עלי, הבנת שלושת העקרונות של תודעה, מחשבה ומודעות ושיתופם עם התלמידים שלכם - שהינם מטרת המדריך הפנימי שלי - הם מתנות יקרות ומשנות חיים מהסדר הגבוה ביותר!

עקרונות אוניברסליים אלה יערכו לתלמידים שלכם היכרות עם הטבע האמיתי שלהם ועם טבע החוויה שלהם – הנוצרת תמיד 'מבפנים החוצה'. *המדריך הפנימי שלי* מכוון את התלמידים להדרכה פנימית אינסופית ונוכחת-תמיד של חכמה. שיעורים אלה, שלא יסולאו בפז, יעמדו לרשותם לשאר חייהם, בכל פעם שיעמדו בפני אתגרים וחוסר וודאות!

כשהייתי בן שש ואחי בן שלוש, הוא הסיר את ידיו מבקבוק הקוקה קולה שלו ואחז רק בקשית שהייתה בבקבוק. הוא הביט בהפתעה, במורת רוח ובבלבול כשהבקבוק התנפץ ותוכנו ניתז לרצפה. מעולם לא שכחתי את עיקרון כוח הכבידה.

אני משתף אתכם כאדם שעבר את שנות הנעורים בעצמו; כאב, שעזר בגידול ארבעה ילדים וכפסיכיאטר עם יותר מ-40 שנות ניסיון וכמוסמך בפסיכיאטריה של גיל ההתבגרות, שסייע לנערות ונערים בדרכם לבגרות. חלמתי על יום בו תהיה לילדים צעירים את הזדמנות הלמידה שאתם מעניקים להם.

הבנת עקרונות הבריאות הנפשית עושה הבדל גדול!!! תודה לכם על ליווי התלמידים שלכם במסעם אל האושר!

ד"ר וויליאם (ביל) פטיט, MD
פסיכיאטר

מטרות המדריך הפנימי שלי

העקרונות שד"ר פטיט מתייחס אליהם פועלים בכל בני האדם, כולל בכל ילד. תכנית הלימודים של *המפ"ש* מכוונת לדרך של שלמות, אושר, יצירתיות ורווחה בכל תחומי חייו של כל תלמיד.

לפיכך, ל*מפ"ש* שתי מטרות אקדמיות עבור התלמידים: **(1)** שיפור הרווחה האישית שלהם מתוך הבנת עקרונות אלה ו-**(2)** פיתוח מיומנויות בתחום התקשורת, החשיבה והאחריות האישית והחברתית. המדריך משיג את שתי המטרות האלה באמצעות סיפורים, דיונים ופעילויות כתיבה ויצירה שונות, תוך כדי שהלמידה מפתחת את מיומנויות השפה של התלמידים.

גילוי המדריך הפנימי האישי משחק תפקיד מרכזי בלמידה ומשפר את יכולת התלמידים לקבל החלטות, לנווט את דרכם בחיים ולבנות מערכות יחסים בריאות. גישה לחכמה טבעית תשפיע לחיוב על רווחתם האישית והרוחנית, על אחריותם האישית והחברתית, ועל זהותם האישית והתרבותית. למידה חברתית ורגשית, כמו גם נחישות, ויסות עצמי ומסוגלות עצמית, הן תוצאות טבעיות של מודעות גדולה יותר.

מילות עידוד למורים

ברוכים הבאים לחוויה חדשה ונפלאה של שיתוף העקרונות שד"ר פטיט מדבר עליהם, המכונים בדרך כלל שלושת העקרונות, עם התלמידים שלכם. הקדשתי את כל קריירת ההוראה שלי להצגת העקרונות הללו בפני תלמידים ומחנכים. ההערות בתחילתו ובסופו של *המפ"ש* II הן של חלק מתלמידי ושל עמיתי למקצוע. גם אתם יכולים להשפיע כך! הפיחו חיים במילים של *המפ"ש* והשתמשו באופן חופשי במערכי השיעורים ובהנחיות למורים.

כמורה, עמיתה שלכם, אני מזמינה אתכם וממליצה לכם בחום לגלות את המדריך הפנימי שלכם עצמכם. המילים שנכתבו כאן, הגם שנכתבו עבורכם ועבור תלמידכם במחשבה רבה, הן רק "הד של אמת."

כמו כל אחד אחר בתחום החינוך, גם אני הייתי צריכה למצוא את דרכי. ב-1975, הייתי מורה טרייה עם ארגז כלים ומיומנויות עדכניים ותשוקה עזה לעזור לתלמידים מתקשים. ובכל זאת, שקלתי מחדש את בחירת הקריירה שלי כי למרות תשוקתי, לא הצלחתי לחדור לליבם של תלמידים עם אתגרים רציניים. ככל שניסיתי, לא הצלחתי להגיע לילדים.

מה עשה את ההבדל? שמיעת אמיתות העקרונות הללו. הגעתי להבנת מקור החכמה והרווחה הפנימיות הטבעיות. שיעור ההצלחה שלי בנגיעה בתלמידים האלה נסק. הייתי צריכה למצוא בעצמי את "החוליה החסרה", וכך התחיל מסע הלמידה של חיי שהתמקד בהמרצת התודעה האינטואיטיבית – החכמה – *המפ"ש*.

הכרת המדריך הפנימי היא בעלת ערך לכל התלמידים. עם זאת, היא חיונית במיוחד עבור תלמידים מתקשים. הם זקוקים לידע ולהבנה כדי לחוות חיים בריאים. תכנית לימודים זו תוכננה עבור תלמידים עם פעילויות שניתנות להערכה ולדיווח על התקדמות, אולם מיועדת גם לתלמידים סקרנים שחקירתם אינה מבוססת על צורך בציונים.

כשאנחנו לומדים עקרונות אלה, אנו מגלים שאין סוף לחכמה הפנימית שמביאה שמחה וחמלה לחיים. כפי שמדגיש הסופר סידני בנקס, "אלה שמצאו איזון בין האינטליגנציה שלהם לחכמתם המולדת הם בני המזל." (1998, p. 133) בואו נכלל עם בני המזל!

הפיחו חיים במילות *המפ"ש*. שעור ההצלחה ושביעות הרצון שלכם יגדלו בהרבה. בסופו של דבר, תרגישו טוב יותר כשתתנסו בעולם חדש. כעמיתה שרוצה תמיד לשתף את מה שעובד, אני מאיצה בכם לגשת לדפי המקורות המומלצים והמשך הלמידה למחנכים הכלולים במדריך. אנא, חקרו. משאבים אלה הם הבסיס למדריך הפנימי שלי. הוראה מאושרת!

בברכה חמה,
כריסטה קמפסול

סקירה כללית להוראת המדריך הפנימי שלי

כאשר אתם מתכוננים ללמד את תכנית הלימודים הזו עם תלמידכם, ישנם כמה שיקולים מרכזיים העשויים לשפר מאד את התמיכה שתקבלו מעמיתכם ומצוות ההנהלה בבית הספר שלכם, כמו גם את ההשפעה שתהיה לכם על תלמידיכם. למדנו לאורך השנים שהמידע הבא עשוי להועיל מאד.

יסודות תכנית הלימודים במחקר

תכנית לימודים אחראית חייבת להיבנות על הבנה מוצקה של המחקר החינוכי העדכני. ישנם מחקרים רבים שיש לקחת בחשבון. לשם הפשטות בחרנו להדגיש מדגם אחד של קבוצת מחקרים משמעותיים עדכניים. (ראו **המפ"ש בהקשר של מחקרים ותיאוריות עדכניות** בהמשך מדריך זה לדיון ולרישום מפורט של פרסומים מדעיים בנושא.)

ג'ון האטי הוא בעל תואר דוקטור מאוניברסיטת טורונטו והוא פרופסור לחינוך ומנהל המכון לחקר החינוך באוניברסיטת מלבורן באוסטרליה. הוא שימש גם כפרופסור לחינוך, מנהל אדמיניסטרטיבי ומנהל מחקר באוניברסיטאות שונות בקנדה, ניו זילנד וארה"ב. הוא מייעץ למוסדות וארגוני מפתח ברחבי העולם. ד"ר האטי ביצע את הסינתזה הגדולה ביותר אי פעם של מטה-אנליזות של מדדים כמותיים של השפעת גורמים שונים על תוצאות חינוכיות. מחקריו של האטי זכו לפרסום רב והוא ידוע ביותר בספריו 'הלמידה הגלויה'. מתודולוגיות המחקר הכמותיות שלו מתעדות את ההשפעות על הישגי התלמידים המתוארות להלן.

ג'ון האטי וצוותו בחנו עד 2015 מעל 1200 מטא-אנליזות הקשורות להשפעות על הישגי התלמידים. מטא-אנליזות אלה בחנו יותר מ-65,000 מחקרים, 195,000 "גדלי האפקט" וכרבע מיליארד סטודנטים ברחבי העולם. האטי שאף לגלות מה באמת ממקסם את למידת התלמידים והישגיהם (Hattie 2015). על מנת לענות על שאלה זו האטי זיהה את "גודל האפקט" מהגדול ביותר לקטן ביותר הנובע מהתכניות החינוכיות, המדיניות וההתערבויות החדשניות.

באופן כללי, סיפור המחקר העולמי העצום של 'הלמידה הגלויה' שנחשף על ידי ג'ון האטי "טוען שתוצאות ומעורבות התלמידים הן מקסימליות כאשר מורים רואים הוראה ולמידה דרך עיני תלמידיהם, וכאשר התלמידים הופכים למורים של עצמם."(Hattie, 2015, p. 79.)

דוח אחרון* עם דירוגים בין 1.62 עד 0.42-, מציין שאלו הם שלושת "גדלי האפקט" הגבוהים ביותר המשפיעים על הישגי התלמידים:

1 - הערכות המורים לגבי הישגי התלמידים 1.62

2 - יעילות המורים הקולקטיבית 1.57

3 - ציונים מדווחים עצמאית 1.33

כשמסתכלים דרך עדשת שלושת העקרונות, אנשי חינוך מבינים את ההשפעות כך:

1 – "הערכות המורים לגבי הישגי התלמידים" פירושה השקפת מורה בודדת שכל תלמיד יכול ללמוד/להגיע להישגים; המורה רואה במדויק היכן התלמיד נמצא בהווה ואז מקבלת תובנות המגלות לה כיצד לקדם את התלמיד. כפי שכותבת ברב אוסט, "אין תלמידי "פח זבל". אנו מגיעים אליהם על ידי "הוראה ברגע הנוכחי." (Aust, 2013, 2016)

2 – "יעילות המורים הקולקטיבית" מתייחסת למורים בבית ספר או בצוות חשיבה, בביטחון שביכולתם הלכה למעשה להצליח ללמד ולהגיע לכל תלמידה ותלמיד. הם סומכים זה על זה להוסיף לפיתוח הפתרון.

3 – "ציונים מדווחים עצמאית" היא ההשפעה המתייחסת למידת הידיעה של התלמידה שהיא מסוגלת ללמוד בהצלחה וידיעה זו מגשימה את עצמה. כאשר תלמידה לומדת לשחרר חשיבת "אני לא יכולה ללמוד", מוטיבציה פנימית מניעה אותה. אין זה מפתיע שגודל האפקט זה מדורג כל כך גבוה.

בנוסף, ההשפעה השלילית ביותר על הישגי התלמיד היא **דיכאון התלמיד עם 'גודל האפקט' 0.42-**. ההשפעה של רווחת התלמיד על הישגיו האקדמיים לא יכולה להיות ברורה יותר!

מה משנה באמת? חשיבת התלמיד והמורה משחקת תפקיד קריטי. לדוגמא, האטי כותב:

"זה פחות מה שהמורים עושים כשהם מלמדים, אלא יותר איך הם חושבים על תפקידם. הלך רוחם או דרכי החשיבה שלהם על הוראה ולמידה הם המכריעים ביותר."

(Hattie, 2015, p. 81.)

תכנית הלימודים *המדריך הפנימי שלי* מכוונת את המורים והתלמידים מעבר לאמונה לתוך הידיעה שזו האמת – שכל תלמיד מסוגל ללמוד וכל מורה מסוגל לגלות תובנות וחכמה שידריכו אותו להוראה אפקטיבית. מסוגלות עצמית הן של התלמיד והן של המורה מתרחשת באופן טבעי כאשר מתגלה להם טבעם ה'מבפנים החוצה' של החיים.

---

*דירוגים אלה זמינים באופן חזותי באתר:

www.visiblelearning.org/nvd3/visualize/hattie-rank- ing-interactive-2009-2011-2015.html.

חשוב גם להבין שמכיוון שמחקרו של ג'ון האטי נמשך ללא הגבלת זמן, דירוגי 'מידות ההשפעה' המדויקות ואף הגדרות ההשפעות ישתנו מעט. לדוגמא, בשנת 2016 ג'ני דונוהו תיארה את יעילות המורים הקולקטיבית ב-1.57 כהשפעה המשפיעה ביותר (Donohoo, p. 6). למרות פרשנויות שונות, אנו מרגישים שגורמים מזוהים מרכזיים תואמים היטב את הבנת שלושת העקרונות שלנו.

הצעות לשימוש ב*מדריך הפנימי שלי*

המדריך הפנימי שלי מבוסס על שלושה עקרונות יסודיים, המכונים **תודעה, מודעות ומחשבה**, שהם יסודותיה של כל חוויה אנושית. שלושת העקרונות הללו, שנחשפו ונוסחו על ידי סידני בנקס, מציעים דרך פשוטה ומלאת תקווה לילדים, נוער וממבוגרים להבנת האופן בו הם פועלים מבחינה נפשית, מבפנים החוצה. הבנה זו ממקסמת רווחה אישית ומשפרת את האקלים הבית ספרי כמו גם את התנהגות התלמידים וביצועיהם.

"תודעה + מודעות + מחשבה = מציאות"(Banks, 2005, p. 42)

תכנית לימודים זו יעילה ביותר כאשר מבוגרים המשתמשים בה מכירים באופן אישי את העקרונות הללו, חיים מתוכם ולמדו לסמוך על המדריך הפנימי שלהם עצמם. בעזרת הכוונה של מורים כאלה, ילדים מגלים בטבעיות ובקלות את ההיגיון הטבעי של העקרונות. כל אחד מאיתנו רוצה ללמוד ולהיות מאושר. זו הזדמנות גם עבורנו ללמוד מהילדים ויחד איתם! באופן כללי, כדאי לקחת בחשבון את הנקודות הבאות:

שימוש מיועד

תכנית הלימודים של המפ"ש, הכוללת שעורים מבוססי סיפור, מיועדת לשימוש בבית ספר או בבית או בכל מקום בו חשוב להביא תקווה לתלמידים. ***המדריך הפנימי שלי - ספר לתלמיד II*** מתמקד בהקשר זה:

רמת קריאה: "קלה לקריאה" (רמת כיתות ד'-ה')

רמה אידיאלית: ביניים (גילאי 9-12; כיתות ד'-ז')

גמישות: שיעור רגיל או מותאם לתלמידים באופן אישי

מסגרת: כיתה, קבוצות קטנות או הוראה פרטנית

עיצוב: כולל תלמידים בהכוונה עצמית העובדים באופן עצמאי

זמן אידיאלי: עם פתיחת תכנית לימוד או שנת לימודים על מנת לבנות קהילתיות ולטפח אופטימיות

תכנון מסגרת הזמן

כל אחד מהפרקים דורש שני מפגשים באורך כ-40 דקות כל אחד. זה מאפשר זמן לקריאה, דיון, בניית אוצר מילים, התבוננות וכתיבת רשומה ביומן. כל פעילות נוספת שתיבחר ללוות את השיעור תדרוש זמן נוסף. כל פרק מציע מגוון רחב של פעילויות מעוררות עניין.

גמישות ומערכי שיעור

מטרת ההוראה העיקרית היא קיום דיונים בכיתה אשר מטפחים את מודעות התלמידים לחכמה פנימית מולדת המכונה בתכנית **מדריך פנימי**. אנו יכולים לגלות חכמה פנימית באמצעות שיתוף רעיונות התמונה הגדולה. תכנית לימודים זו נועדה להיות קרש קפיצה! ניתן להשתמש בפרקים כסדרם או בכל סדר המתאים לכם. ייתכן שיש לכם סיפורי עקרונות משלכם שתרצו לשתף. התובנות שלכם יובילו להבנה עמוקה יותר. היו גמישים. לכו עם מה שאתם יודעים לעשות.

מערכי השיעור אינם מפרטים מה לכלול בשיעור; האפשרויות מוצעות במלואן בספר התלמיד: סיפורים, פעילויות ומשאבים ספציפיים עבור כל שיעור. ניתן לכוון את התלמידים לדיון, לבניית אוצר מילים ולכתיבה ביומנים להרחבת חשיבה ותקשורת. מערכי השיעור של המפ"ש כן מספקים פרטים על האופן בו ניתן לתאם כל שיעור עם ההתקדמות האקדמית של התלמידים. המערכים מציעים כיצד להשיג התקדמות וכיצד ניתן לעקוב אחריה בעת ביצוע השיעורים בפועל. אנו מציעים למורים להיות המעריכים שלהם עצמם. כמו שג'ון האטי מציע בחום, *"דעו את ההשפעה שלכם!"*

מערכי השיעורים וספר התלמיד II של המפ"ש יחדיו מציעים דרך לחלוק את העקרונות כך שהלמידה בתחומים חשובים רחבים – יעדי המפ"ש למודעות ואחריות לרווחה אישית – יושגו. אין צורך בתכנון ממצה, פשוט קראו את הפרקים המאורגנים באופן הגיוני והמשיכו. קל להשתמש בשיעורים. לפרטים ספציפיים ראו *מבוא למטרות ומערכי שיעורים*.

ניתן להשתמש בערכה כיתתית של ספרי תלמידים של המפ"ש שנה אחר שנה. לחלופין, במידת האפשר, עדיף לספק ספר תלמיד של המפ"ש לכל תלמיד כדי שיוכל לגשת ולהוסיף לחקור את נושאי המפתח.

מדיה דיגיטלית

אתר המפ"ש כולל כלים מתאימים ליצירת תמונות וכרזות, בלוגים, פרסומים, מיפוי מחשבות והפקת קטעי וידאו. תכניות מדיה דיגיטלית אופציונליות אלה הן ברמת קושי "קלה". כל אחד מהכלים האלה נבדק בקפידה ונבחן על-פי רמת הקושי לשימוש. קישורים להם נמצאים ב- myguideinside.com. עיינו בלשונית החומרים המשלימים למורים ב- myguideinside.com. הסיסמה היא mgi.

רשימה של משאבים מקוונים בחינם מסופקת כדי לתמוך בכם, המחנכים העסוקים.

הערכה

כל הוראה נועדה להשפיע באופן מדיד על התלמידים ולשפר את חייהם. בסעיף *מדדים להערכה*, תמצאו שלושה טפסים עם הוראות. כלים אלה כוללים: הערכה מקדימה ומסכמת מדדי הערכה לפעילויות, "תצפיות בזק" של המורה את התלמיד.

לומדים, חיים, משתפים

התחושה שאתם מביאים לכיתתכם מדי יום היא "תכנית הלימודים החיונית" והמשאב הגדול ביותר שיש לכם להשפיע ישירות על התלמידים. במילים אחרות, למידה מאפשרת לכם "לחיות את העקרונות", בכך שאתם נמצאים בהוויה שיתופית באופן טבעי, משתפים חמלה, הבנה ושמחה בכיתתכם. כשאתם כך באופן טבעי, אתם משתפים את העקרונות באמצעות הרגשה חיובית. זה ישפר ויעצים את התלמידים יותר מכל שיתוף פורמלי של השיעורים אלה. ההבנה העמוקה שלכם של עקרונות אלה תאפשר לכם להפיק את המיטב מכל התלמידים.

אני אסירת תודה לעמיתתי קת'י מרשל אמרסון, שהציגה את שלושת העקרונות בפני מאות מורים ועל שהבהירה את פשטותו של תהליך זה בספרה Educators Living in the Joy of Gratitude, בעיקר בוובינר מספר 12. וכן ראו גם את ספרה המועיל מאד של ברב אוסט, The Essential Curriculum, בו היא מתארת יפה כיצד נראה אקלים בבית הספר ובכיתה כאשר העקרונות משולבים בחינוך. לברב ניסיון בלמידת שלושת העקרונות, חיים איתם ושיתופם לאורך כל הקריירה שלה; היא חלקה מאז ומעולם חכמה ותבונה בתפקידה כמורה, מנהלת ומפקחת פרחי הוראה. להמשך למידה ראו *משאבים משלימים*. חומרים אלה ינחו אותך לתובנות משלכם.

מבוא למטרות ומערכי שיעורים

העקרונות הנדונים בתכנית הלימודים המקיפה (גן-י"ב) של *המדריך הפנימי שלי* פועלים בכל בני האדם, כולל תלמידים בכל הגילאים. תכנית הלימודים מצביעה על הדרך לשלמות, אושר, יצירתיות ורווחה אישית בכל חלקי החיים.

לפיכך, כל השיעורים במדריך הפנימי, ספרים I, II, ו-III חולקים שתי מטרות אקדמיות גלובליות:

(1) טיפוח רווחה נפשית אישית מתוך הבנת עקרונות אלה,

(2) פיתוח מיומנויות תקשורת, חשיבה ואחריות אישית וחברתית.

גילוי *המדריך הפנימי* הוא המפתח ללמידה והוא משפר את יכולתם של הילדים לקבל החלטות, לנווט בחיים ולבנות מערכות יחסים בריאות. גישה לחכמה טבעית זו משפיעה על רווחה אישית, בריאות רוחנית, על אחריות אישית והחברתית, ועל זהות אישית ותרבותית חיובית. נחישות, ויסות עצמי ויעילות עצמית הם גם תוצאות טבעיות של מודעות גדולה יותר.

מדריך למטרות למידה חינוכיות ומיומנויות בכל התחומים הרלוונטיים מוצע להלן בחלק שנקרא *שילוב במדריך הפנימי בחינוך*. המפ"ש משיג את מטרותיו באמצעות סיפורים מותאמים לגילאים השונים, דיונים ומגוון פעילויות כתיבה ויצירה, תוך כדי קידום מיומנויות שפה ומיומנויות בתחומים אחרים.

מערכי השיעורים של ספר התלמיד II נועדו להשיג מטרות אלה עם תלמידי כיתות ד'-ז'.

יכול להיות מועיל לדעת:

כל מערך שיעור מכיל אוריינטציה קצרה עם מיקוד ההוראה העיקרי.

ראו במיוחד את *תוצאות הלמידה* המצוינות בסוף כל מערך שיעור.

מטרות השיעור והזדמנויות למידה כלולות גם כן.

בכל המקרים, הנקודות המובלטות הראשונות עוסקות בהיבט של העקרונות בו עוסק הפרק. זה עשוי לסייע למקד את השיעורים בהתחשב בזמן המוגבל של השעורים.

הנקודות המובלטות האחרות מרחיבות את הלמידה.

מערך שעור פרק 1 - לגלות את המדריך הפנימי

התחילו באוריינטציה: מצאו את הכיוון

התלמידים מוזמנים למסע שחושף את חכמתם הפנימית הטבעית. הם חווים את **המדריך הפנימי** שלהם ומגלים שהוא עוזר להם לקבל החלטות ולהרגיש בטוחים. עם התבוננות ודיון התלמידים הופכים מודעים יותר ויותר ומוצאים את המילים שלהם לשיים את **המדריך הפנימי** שלהם. התלמידים בוחנים כיצד הידע החדש גדל יחד איתם כשהם חווים חמלה ושמחת חיים. אמון בחכמה הפנימית "עוזר לכם למצוא את האיזון שלכם." המחשבות "המעוננות" המכסות הרגשה טובה חולפות והתלמידים חווים את "השמש" של מחשבה נחמדה יותר. ברשומות היומן שלהם הם משתמשים במילים עוצמתיות אודות חכמה - **המדריך הפנימי** שלהם.

הפרק מתמקד בחוויה של כל תלמיד ובהיכרות עם המדריך הפנימי שלו. מודעות משופרת לרווחה אישית מכינה כל אחד לאחריות ולידיעה שהמדריך הפנימי שלהם זמין בכל עת.

הערכה מקדימה לתלמידים ניתן למצוא במדריך זה או באתר **myguideinside.com**. מומלץ לבקש מהתלמידים להשלים אותה לפני השיעור הראשון. הערכה מסכמת משלימים בסוף הקורס הזה.

מטרות השיעור

פרק 1 מכוון את התלמידים:

- להגביר את הבנת העקרונות עם מודעות ***למדריך הפנימי*** שלהם
- לעורר את "הכרת עצמי והבנת עולמי" באמצעות דיון
- לשפר את התפתחות השפה
- לפתח אסטרטגיות קריאה
- לחוות יצירתיות באמצעות כתיבה ויצירה אישית

הזדמנויות למידה

פרק 1 נועד לעודד את התלמידים:

- להשיג הבנת העקרונות במונחים של:
  - חקירת המשמעות של חכמה פנימית ושיומה
  - חווית חיבור לחכמה פנימית באמצעות התבוננות
- לפתח שפה באמצעות הקשבה, דיבור, קריאה וכתיבה

תוצאות הלמידה
בסוף פרק 1, התלמידים יראו מיומנויות וידע באמצעות:

- הבנת העקרונות כאשר הם
  - מתארים את חוויותיהם ומבחינים במדריך הפנימי שלהם
  - משתמשים במילים שלהם לשיים את המדריך הפנימי שלהם
  - מספרים כיצד המדריך הפנימי שלהם עוזר להם
- השתתפות על ידי האזנה
- פתרון חידה על ידי חשיבה
- תקשורת יצירתית ואקספרסיבית באמצעות דיבור, כתיבה ואמנות
- דיון וכתיבה על רעיון התמונה הגדולה הזה:

המדריך הפנימי שלי הוא "ידע רב עוצמה"
חכמה "תגדל איתך ותנחה אותך"
(Banks, 2004, p. 67)

תזכורת של מטרות מפתח
לכל פרק שתי מטרות למידה רחבות: מודעות ואחריות לרווחה אישית. עם המיקוד המיוחד של פרק 1, מה אומרים לכם התלמידים שהם גילו?

פעילויות
השתמשו במדדי *ההערכה* להערכת פעילויות האמנות, הדיון, ציור הקיר, רשומת היומן וכתיבת מחשבות.

משאב מיוחד
כדור זכוכית מושלג

מערך שיעור פרק 2 - להכיר את המתנה הכי נהדרת בעולם

התחילו באוריינטציה: מצאו את הכיוון

התלמידים מגלים שלכולם יש את "מתנת המחשבה" ואת היכולת לבחור באיזו מחשבה להשתמש. **המדריך הפנימי** שלנו, שכל ישר וחכמה, עוזר לנו להחליט. מחשבות יוצרות רגשות. באופן טבעי אנו פועלים על פי מחשבות המייצרות אושר ובטחון. תלמידים מנסים מחשבות שמחות ומפחידות. מיכאל עוזר לאחיו הקטן להפסיק להפחיד את עצמו ממחשבות על מפלצות ודרקונים לפני השינה! זה טבעי להתגבר על רעיונות כשאנו מתפתחים וחווים את הידיעה שרגשות נוצרים על ידי מחשבות. "יום של הפכים" ופעילויות אחרות מציעות הזדמנות לראות כיצד מחשבות עובדות. ברשומות היומן הם משתמשים במילים עוצמתיות על בחירה.

פרק זה מתמקד ב"מתנת המחשבה" אשר מייצרת את כל הרגשות. לכל אדם יש נחישות וכוח וויסות עצמי טבעי לבחור רעיונות ולהשתמש בהם, או להרפות ממחשבה כמו תפוח אדמה לוהט! המדריך הפנימי שלנו עוזר לנו בבחירות אחראיות המובילות לרווחה אישית.

מטרות השיעור

פרק 2 מכוון את התלמידים:

- להגביר את הבנת העקרונות על ידי הגילוי
  - שמחשבות יוצרות רגשות
  - שלראות בחירה זה היגיון בריא
  - שהבחירה היא בהחלטה באיזו מחשבה להשתמש
- לפתח מודעות לגבי נחישות וויסות עצמי טבעי
- לעורר את "הכרת עצמי והבנת עולמי" באמצעות דיון
- לשפר את התפתחות השפה
- לפתח אסטרטגיות קריאה
- לחוות יצירתיות באמצעות כתיבה ויצירה אישית

הזדמנויות למידה

פרק 2 נועד לעודד את התלמידים:

- להשיג הבנת העקרונות במונחים של:
  - חיבור לחכמה הפנימית
  - חווית הקשר הסיבתי בין מחשבה להרגשה
  - התבוננות בהתפתחות האישית תוך שימוש בזיכרונות וחוויות
- לפתח שפה באמצעות הקשבה, דיבור, קריאה וכתיבה

תוצאות הלמידה

בסוף פרק 2, התלמידים יראו מיומנויות וידע באמצעות:

- הבנת העקרונות כאשר הם
  - מאזינים למדריך הפנימי שלהם
  - מתבוננים ומגיבים על בחירות תוך שימוש בהיגיון בריא
  - מראים נחישות וויסות עצמי טבעי
- השתתפות על ידי האזנה
- פתרון חידה על ידי חשיבה
- תקשורת יצירתית ואקספרסיבית באמצעות דיבור, כתיבה ואמנות
- דיון וכתיבה על רעיון התמונה הגדולה:

כולנו יכולים להשתמש ב"מתנת המחשבה" כפי שאנו בוחרים. תארו לעצמיכם!

תזכורת של מטרות מפתח

לכל פרק שתי מטרות למידה רחבות: מודעות ואחריות לרווחה אישית. עם המיקוד המיוחד של פרק 2, מה אומרים לכם התלמידים שהם גילו?

פעילויות

השתמשו במדדי *ההערכה* להערכת פעילויות האמנות, הדיון, רשומת היומן וכתיבת מחשבות.

משאב מיוחד

פליי-דו (בצק, פלסטלינה)

מערך שיעור פרק 3 - שיתוף = אכפתיות

התחילו באוריינטציה: מצאו את הכיוון

סבתא של תמר אומרת שהבנת "מתנת המחשבה" הרוחנית מראה לנו בחירה וכי איננו צריכים לפעול על פי כל מחשבה. בבית הספר מים נשפכו על התמונה שציירה תמר כמתנה לסבתא שלה; תמר כעסה ודאגה. סבתא אמרה שהיא בטוחה שלתמר יהיה חזון נוסף ושהיא תדע לצייר תמונה יפה. תמר הניחה לתודעה שלה להתבהר, היא הרגישה רגועה ודמיינה שהיא מציירת תמונות חדשות. תמר הרגישה שהיא וסבתא שלה נותנות זו לזו ומקבלות זו מזו. התלמידים מספרים מתי גם הם מאפשרים לדאגה לחלוף. הפעילויות כוללות סיפור סיפורים, הקשבה ויצירת מתנות אמנותיות. ברשומות היומן הם משתמשים במילים עוצמתיות אודות החכמה העומדת מאחורי נתינה וקבלה.

פרק זה מתמקד בבחירה שהמדריך הפנימי שלנו מציע כשאר אנו מודאגים או מבואסים. זה מופיע כתובנה, מחשבה שמביאה הרגשה טובה יותר. תמיד יש סיכוי להרגיש רגועים, לווסת את עצמנו באופן טבעי ולהיות ברווחה אישית. אנו יכולים גם לתת וגם לקבל; זהו מעגל של אכפתיות ושיתוף.

מטרות השיעור
פרק 3 מכוון את התלמידים:
- להגביר את הבנת העקרונות על ידי
  - חווית הקשר שבין בחירת מחשבות ורווחה אישית
  - גילוי ערך התובנות לייצור רגשות טובים באופן טבעי
- לגלות את הערך של שיתוף עם מבוגרים אכפתיים
- להגביר מודעות לגבי נחישות וויסות עצמי טבעי
- לעורר את "הכרת עצמי והבנת עולמי" באמצעות דיון
- לשפר את התפתחות השפה
- לפתח אסטרטגיות קריאה
- לחוות יצירתיות באמצעות כתיבה ויצירה אישית

הזדמנויות למידה
פרק 3 נועד לעודד את התלמידים:
- להשיג הבנה של העקרונות במונחים של:
  - שחרור מחשבה ישנה וחווית מחשבה חדשה
  - חוויה שמחשבה חדשה (תובנה) יוצרת הרגשה חיובית
- להתבונן על תפקיד המחשבה והבחירה בשיתוף ובמערכות יחסים אכפתיות

תוצאות הלמידה
בסוף השיעור של פרק 3, התלמידים יראו מיומנויות וידע באמצעות:

- הבנת העקרונות כאשר הם
  - מדווחים על האזנה למדריך הפנימי שלהם ובוחרים להרפות ממחשבה
  - משתפים מודעות לתובנה הגורמת לדאגה לחלוף
- השתתפות על ידי האזנה
- תקשורת יצירתית ואקספרסיבית באמצעות דיבור, כתיבה ואמנות
- דיון וכתיבה על רעיון התמונה הגדולה:

נתינה וקבלה יוצרים מעגל

תזכורת של מטרות מפתח
לכל פרק שתי מטרות למידה רחבות: מודעות ואחריות לרווחה אישית. עם המיקוד המיוחד של פרק 3, מה אומרים לכם התלמידים שהם גילו?

פעילויות
השתמשו ב*מדדי ההערכה* להערכת פעילויות האמנות, הדיון, רשומת היומן וסיפור סיפורים.

מערך שיעור פרק 4 - לגלוש על הגל

התחילו באוריינטציה: מצאו את הכיוון

קואה גדל מלא ברגשות יפים עד שאחיו הבכור קימו התחיל להשפיל אותו. עד מהרה איבד קואה את שמחתו וכולם ראו את מזגו הרע. לא עבר זמן רב וקואה חשב שהוא לא חכם, הפסיק להקשיב למורים וכעס כמעט על כולם. בזמן שגלש, קואה התוודה בפני דודו שאמר, "אין סיכוי!" קואה למד ש"אורו" היה מכוסה ב"סלעים" אפורים של מחשבות שליליות. זמן ל"להפוך את הקערה!" ברשומות היומן ובפעילויות אחרות התלמידים משתמשים במילים עוצמתיות כדי לשקף כיצד מחשבה מסתירה באופן זמני את המדריך הפנימי שלהם.

פרק זה מתמקד בחוויה המשותפת של כיסוי החכמה פנימית ביותר מדי חשיבה. כשמחשבות שליליות מפריעות, הרגשות מתדרדרים במהירות. "להפוך את הקערה" היא דרך נוספת לומר שכל אחד יכול להתחבר למדריך הפנימי שלו.

הערה: ג'יין טאקר, מחברת סיפורו של קואה, בו מטאפורת "קערת האור" עומדת בלב הסיפור, מבקשת להביע כבוד והכרת תודה עמוקים למשפחות מולוקאיי ולתרבות ולמסורות היפות של בני הוואי. היא שמעה לראשונה על מטפורת "קערת אור" ההוואית מאנשי מקצוע בתחום הבריאות המקומית בכנס באי אואהו בשנת 1996. היא כתבה את סיפורו של קואה בשנת 2002, לסטודנטים בכיתת כישורי השלום שלה. שנים לאחר מכן, הושאל לה עותק של סיפורי קשת הלילה (מובא להלן) ולראשונה ראתה את התיעוד הכתוב של התורה המסורתית היפה הזו.
Tales from the Night Rainbow, Mo'olelo o Na Po Makole: The story of a Woman, a People, and an Island, An oral history as told by Kaili'ohe Kame'ekua of Kamalo, Moloka'i 1816-1931.
Rev. and Engl. Edition, 1990 Pali Jae Lee and Koko Willis, Night Rainbow Publishing Co. Honolulu, HI (First published in 1986.)

מטרות השיעור

פרק 4 מכוון את התלמידים:

- להשיג הבנה של העקרונות במונחים של:
  - גילוי מודעות טבעית לרגשות טובים
  - לימוד האופי המשתנה של מחשבות
  - חווית הבחירה הבריאה של שחרור מחשבות כשהם "הופכים את הקערה!"
  - הבנת ההשפעה של בחירת מחשבה על רווחתם האישית, על אחרים ועל חברויות
- לפתח מודעות באמצעות שיתוף עם מבוגר אכפתי
- לעורר את "הכרת עצמי והבנת עולמי" באמצעות דיון
- לשפר את התפתחות השפה
- לפתח אסטרטגיות קריאה
- לחוות יצירתיות באמצעות כתיבה ויצירה אישית

הזדמנויות למידה

פרק 4 נועד לעודד את התלמידים:

- להשיג הבנה של העקרונות במונחים של:
  - חיבור לחכמה הפנימית כדי להגיע לבחירות נבונות
  - התבוננות בידע רב עוצמה: "להפוך את הקערה!"
- לתאר את חוויותיהם
- לפתח שפה באמצעות הקשבה, דיבור, קריאה וכתיבה

תוצאות הלמידה

בסוף השיעור של פרק 4, התלמידים יראו מיומנויות וידע באמצעות:

- הבנת העקרונות כאשר הם
  - מודעים להרגשה טובה
  - מאזינים למדריך הפנימי שלהם
  - סומכים שמחשבה מועילה מטבע הדברים מובילה לרווחה אישית
  - חווים רגשות חיוביים כמו אופטימיות וביטחון, ומגלים חוסן נפשי
- חווית נחישות ושליטה טבעית בדחפים המווסתים את ההתנהגות
- השתתפות על ידי האזנה
- תקשורת יצירתית ואקספרסיבית באמצעות דיבור, כתיבה ואמנות
- דיון וכתיבה על רעיון התמונה הגדולה:

כל ילד נולד עם "קערת אור" מלאה באלוהה וחכמה.

תזכורת של מטרות מפתח

לכל פרק שתי מטרות למידה רחבות: מודעות ואחריות לרווחה אישית. עם המיקוד המיוחד של פרק 4, מה אומרים לכם התלמידים שהם גילו?

פעילויות

השתמשו *במדדי ההערכה* להערכת פעילויות האמנות, הדיון, רשומת היומן, סיפור מחדש וכתיבת מחשבות.

משאב מיוחד

קלידוסקופ

מערך שיעור פרק 5 - חברות זה הדבר הטוב ביותר

התחילו באוריינטציה: מצאו את הכיוון

התלמידים פוגשים שני סיפורים. האחד מציג את עופר ושחר המתמודדים עם אירוע סביב עפרון בכיתה. הקוראים מתוודעים לתובנה של עופר לגבי רמזורים עם אורות אדומים, כתומים וירוקים המזכירים לו "לעצור!" ולאפשר לחשיבה שלו להתבהר. עם מנטליות זו של "אור ירוק" חוזר הסיפור מחדש עם תוצאה בריאה בהרבה. סיפור החברות של שי ועדי כולל אתגרים של חשיבה מפוחדת, דאגה, קריאה בשמות וחברות חדשה. הן מגלות שתמיד אפשר לשנות דעה ולהיות חברות. דיון ופעילויות אחרות מעודדים מודעות ושיתוף. ברשומות היומן התלמידים משתמשים במילים עוצמתיות אודות קבלת החלטות בריאות ופיתוח חברויות.

פרק זה מתמקד בהאזנה למדריך הפנימי שלנו. תובנות תומכות בבחירות בריאות, שייכות וחברויות. לדעת מתי "לעצור, לחכות, ללכת" זו תזכורת מהירה לשימוש במחשבה בדרך מכבדת ואדיבה.

מטרות השיעור

פרק 5 מכוון את התלמידים:

- להגביר את הבנת העקרונות על ידי:
  - הקשבה לחכמה פנימית כדי לקבל החלטות חברות בריאות
  - לזכור "לעצור, לחכות, ללכת" עם חשיבה
  - לגלות שאנו יכולים לשנות את דעתנו ולקבל פרספקטיבה חדשה
- להראות אמפתיה
- לחקור הכללה
- להכיר בתמיכה ולקבל אותה
- לפתור בעיות בשלווה
- לעורר את "הכרת עצמי והבנת עולמי" באמצעות דיון
- לשפר את התפתחות השפה
- לפתח אסטרטגיות קריאה
- לחוות יצירתיות באמצעות כתיבה ויצירה אישית

הזדמנויות למידה

פרק 5 נועד לעודד את התלמידים:

- להשיג הבנה של העקרונות במונחים של:
  - זיהוי הזדמנויות לקבלת החלטות בריאות
  - זיהוי דרכים חיוביות ליצירת ולשמירת חברויות בריאות
- לפתח שפה באמצעות הקשבה, דיבור, קריאה וכתיבה

תוצאות הלמידה

בסוף השיעור של פרק 5, התלמידים יראו מיומנויות וידע **באמצעות:**

- הבנת העקרונות כאשר הם
  - משתמשים במדריך הפנימי שלהם לבחור בחירות
  - פועלים מחשיבה רגועה עם חמלה ואדיבות
  - עוצרים לפני שהם פועלים על פי דחפים ומחשבות
  - חווים פרספקטיבה ומבינים שהם יכולים לשנות את דעתם
- השתתפות על ידי האזנה
- תקשורת יצירתית ואקספרסיבית באמצעות דיבור, כתיבה ואמנות
- חווית נחישות ושליטה טבעית בדחפים המווסתים את ההתנהגות
- יצירה ושמירה על מערכות יחסים בריאות
- קבלת החלטות מכבדות המבוססות על רווחתם אישית ורווחת האחרים
- פתרון בעיות בדרכי שלום
- דיון וכתיבה על רעיון התמונה הגדולה:

אנו יכולים לקבל החלטות בריאות וליצור חברויות טובות ולשמור עליהן.

תזכורת של מטרות מפתח

לכל פרק שתי מטרות למידה רחבות: מודעות ואחריות לרווחה אישית. עם המיקוד המיוחד של פרק 5, מה אומרים לכם התלמידים שהם גילו?

פעילויות

השתמשו ב*מדדי ההערכה* להערכת פעילויות הדיון, יצירת פוסטר, רשומת היומן, ושיתוף פעילות.

מערך שיעור פרק 6 - תובנה עושה את כל ההבדל

התחילו באוריינטציה: מצאו את הכיוון

רן תפס במהירות איך לגלוש בסקייטבורד שלו. אפילו ילדים גדולים יותר צפו בו ונדהמו. רן התחיל לחשוב שילדים מאד אוהבים אותו בגלל זה. ילד חדש בשם ברק השתווה אליו ואף יכל לעשות הרבה דברים חדשים עם סקייטבורד. הילדים התחילו לצפות בברק; רן התערער, חלה והתרחק. סבא של רן אמר שהביצועים של ברק לא גורעים דבר מרן. הוא הבין שמה שבפנים זה מה שקובע: להיות מועיל, מסביר פנים ומהנה. דיון ופעילויות מדגישים ששליטה במיומנות חדשה היא קלה ומהנה. *התלמידים משתמשים במילים עוצמתיות לכתוב על מי ומה שהם בפנים.*

פרק זה מתמקד במציאת רווחה אישית בתוכנו, בידיעה מי ומה אנחנו. מחשבה שלילית גורמת לנו לשכוח מה יש בתוכנו. תובנות מובילות לבחירות טובות ודרך חדשה לראות דברים המעניקים רווחה ולמידה.

מטרות השיעור

פרק 6 מכוון את התלמידים:

- להגביר את הבנת העקרונות על ידי:
  - בטחון במי ובמה שהם בפנים
  - שימוש בחכמה פנימית
  - חווית ערך התובנה, ופרספקטיבה
- להיות כוללני
- להכיר בתמיכה משפחתית ולקבל אותה
- לעורר את "הכרת עצמי והבנת עולמי" באמצעות דיון
- לשפר את התפתחות השפה
- לפתח אסטרטגיות קריאה
- לחוות יצירתיות באמצעות כתיבה ויצירה אישית

הזדמנויות למידה

פרק 6 נועד לעודד את התלמידים:

- להשיג הבנה של העקרונות במונחים של:
  - המשך זיהוי הזדמנויות לקבלת החלטות בריאות
  - בחירת מחשבות מכבדות המבוססות על רווחתם האישית ורווחת האחרים
- לפתח שפה באמצעות הקשבה, דיבור, קריאה וכתיבה

תוצאות הלמידה
בסוף פרק 6, התלמידים יראו מיומנויות וידע באמצעות:

- הבנת העקרונות כאשר הם
  - עושים בחירות בריאות
  - משתמשים בתובנות ומקבלים פרספקטיבות חדשות
- הנאה ממי שהם
- השתתפות על ידי האזנה
- מתייחסים לאחרים בכבוד
- מכירים בתמיכה ומקבלים אותה
- תקשורת יצירתית ואקספרסיבית באמצעות דיבור, כתיבה ואמנות
- יצירה ושמירה על מערכות יחסים בריאות
- דיון וכתיבה על רעיון התמונה הגדולה:

מי ומה שאתם בפנים – זה מה שקובע

תזכורת של מטרות מפתח
לכל פרק שתי מטרות למידה רחבות: מודעות ואחריות לרווחה אישית. עם המיקוד המיוחד של פרק 6, מה אומרים לכם התלמידים שהם גילו?

פעילויות
השתמשו *במדדי ההערכה* להערכת פעילויות האמנות, הדיון ורשומת היומן.

משאב מיוחד

String Video instructions for Cat's Cradle:
http://youtube.com/watch?v=VpHTPnrYLzQ

מערך שיעור פרק 7 - גלגלי הלמידה ממשיכים להסתובב

התחילו באוריינטציה: מצאו את הכיוון

אהובה אהבה את החיים. היא אהבה לשחק, היה לה דמיון עשיר והיא תמיד למדה משהו. בן דודה אמר לה להיות רצינית יותר, "להתאפס על עצמה." אחותה כל הזמן דאגה "שלא יהיה מספיק זמן". אחיה אמר לה לשים את עצמה במקום הראשון. אהובה התחילה לחשוב ככה ועד מהרה הפכה לאומללה מאד. היא הבחינה שאחיה התינוק מצחקק כשברווז גומי המשיך לצוץ בבריכה הילדים. התודעה של אהובה התבהרה מעט. ואז הגיעה תובנה שלה, "האושר שלי ממשיך לצוץ!" **המדריך הפנימי** שלה עזר לה להחליט להשאיר את המחשבה הזו בחיים. אהובה חוותה חוסן נפשי וגלגל הלמידה הסתובב שוב ללא מאמץ. באופן טבעי היא גילתה בטחון עצמי ואופטימיות. התלמידים משתמשים במילים עוצמתיות כאשר הם מתבוננים על האופן בו מחשבות משפיעות על האושר.

פרק זה מתמקד בזיהוי תחושה טובה או מצב נפשי טוב. התלמידים מגלים את התפקיד החשוב שהמדריך הפנימי שלנו ממלא באיתות על כל מעבר למצב אומלל. תובנה מביאה רעיון מניע חדש ומעבר לאושר, קלילות, הנאה ולמידה קלה יותר.

מטרות השיעור

פרק 7 מכוון את התלמידים:

- להגביר את הבנת העקרונות על ידי:
  - הגילוי שניתן לחוות שמחה
  - הבנה שלפעמים בתמימות אנו "עוקבים אחר המנהיג" למחשבות שליליות
  - הסתמכות על תובנות מהמדריך הפנימי כדי להוביל לאושר
- לשפר נחישות וויסות עצמי
- לחוות ביטחון ואופטימיות
- להכיר בתמיכה משפחתית ולקבל אותה
- לעשות בחירות מחשבה מכבדות המבוססות על רווחה אישית
- לעורר את "הכרת עצמי והבנת עולמי" באמצעות דיון
- לשפר את התפתחות השפה
- לפתח אסטרטגיות קריאה
- לחוות יצירתיות באמצעות כתיבה ויצירה אישית

הזדמנויות למידה

פרק 7 נועד לעודד את התלמידים:

- *להשיג הבנה של העקרונות במונחים של:*
  - השגת מודעות לחוסן טבעי בעקבות תובנות חדשות
- להתבונן על כוח המחשבה כיוצר רעיונות כמו גם את החוויות שלהם
- לפתח שפה באמצעות הקשבה, דיבור, קריאה וכתיבה

תוצאות הלמידה

בסוף פרק 7, התלמידים יראו מיומנויות וידע באמצעות:

- הבנת העקרונות כאשר הם
  - מודעים לשינויים ברגשותיהם
  - מאזינים למדריך הפנימי שלהם באופן אינסטינקטיבי
  - פועלים על-פי תובנות מועילות וחווים הרגשה ומצב נפשי משופרים
  - חווים מוטיבציה טבעית
- השתתפות על ידי האזנה
- השגת מסוגלות עצמית, מודעות ליכולות ולעוצמות
- תקשורת יצירתית ואקספרסיבית באמצעות דיבור, כתיבה ואמנות
- דיון וכתיבה על רעיון התמונה הגדולה:

"לפעמים רק המחשבות שלהם הן שהפכו אותם לאומללים
ולו היו מסוגלים להבין... זה היה עוזר להם להרגיש טוב."

(Banks, 2004, p. 46)

תזכורת של מטרות מפתח

לכל פרק שתי מטרות למידה רחבות: מודעות ואחריות לרווחה אישית. עם המיקוד המיוחד של פרק 7, מה אומרים לכם התלמידים שהם גילו?

פעילויות

השתמשו ב*מדדי ההערכה* להערכת פעילויות האמנות, הדיון, כתיבת שיר, דקלום שיר ורשומת היומן.

משאב מיוחד

בלונים

מערך שיעור פרק 8 - אתם פלא

התחילו באוריינטציה: מצאו את הכיוון

במפגש האחרון התלמידים משתמשים במילים שלהם כדי לתאר את ההשפעה האישית של מסע **המפ"ש** שלהם. פעילויות שונות מהוות חזרה על נושאים מרכזיים כגון:

- ✓ **המדריך הפנימי שלי** נוכח תמיד.
- ✓ ברגע שמחשבה "מעוננת" חולפת, יש מחשבה חדשה ויפה יותר.
- ✓ הגילוי שהמדריך הפנימי שלי הוא ידע שגדל יחד איתנו, מביא אהבה וחמלה ומוביל לאושר.
- ✓ אנחנו יכולים להרפות ממחשבה כמו מתפוח אדמה לוהט.
- ✓ כל ילד נולד עם "קערת אור" מלאה באלוהה ובחכמה.
- ✓ **כוח המחשבה** הוא מתנה ויש לנו בחירה על פי איזה מחשבות לפעול.
- ✓ במצב של רווחה אישית, אנחנו מסבירי פנים, ידידותיים ואדיבים; קל ללמוד וגם ליצור ולשמור חברויות.
- ✓ תובנות עוזרות לנו להכיר את עצמנו ולהבין את עולמנו.
- ✓ התלמידים צוברים בטחון ואופטימיות, מודעות ליכולות ולעוצמות שלהם.
- ✓ התלמידים מבינים כיצד הם פועלים מבפנים החוצה.
- ✓ הם מכירים בתמיכה שהם יכולים לקבל מבני משפחה, בבית הספר ובקהילה, ומקבלים אותה.

שיעור אחרון זה מתמקד בחזרה והתבוננות. התלמידים מתארים את התפתחותם בשיעור הזה. בסופו של דבר, האזנה למדריך הפנימי, הבנת כוח המחשבה ואמון בתובנות הופכים להיות דרך חיים. מודעות ואחריות אישית הן תוצאות טבעיות.

הערכה מסכמת לתלמיד ניתן למצוא במדריך זה או באתר **myguideinside.com**. התלמידים ישלימו אותה בסוף השיעור האחרון.

מטרות השיעור

פרק 8 מכוון את התלמידים:

- להעמיק את הבנת העקרונות על ידי:
  - התבוננות בחומר הנלמד על העקרונות
  - ראיית "התמונה הגדולה" של השינוי בעצמם
- להשיג מודעות של היכולות והעוצמות שלהם (מסוגלות עצמית)

- לתקשר הבנה של קבלת החלטות בריאות לטווח הארוך
- להכיר בתמיכה משפחתית, בית ספרית וקהילתית
- להמשיך להשתמש באסטרטגיות קריאה
- לעורר את "הכרת עצמי והבנת עולמי" באמצעות דיון
- להמשיך לשפר את התפתחות השפה באמצעות הקשבה, דיבור, קריאה וכתיבה
- לממש יכולות אישיות בכתיבה ובאמנות

הזדמנויות למידה

פרק 8 נועד לעודד את התלמידים:

- להשיג הבנה של העקרונות במונחים של:
  - פרספקטיבה
  - התבוננות על מה שלמדו במהלך השיעורים
  - התבוננות על יכולותיהם, עוצמותיהם, רווחתם האישית ומעגל התמיכה שלהם
- לפתח שפה באמצעות הקשבה, דיבור, קריאה וכתיבה

תוצאות הלמידה

בסוף פרק 8, התלמידים יציגו מיומנויות וידע באמצעות הבנת העקרונות והמיומנויות הקשורות כאשר הם:

- מתקשרים, בדרכים מגוונות, כיצד הם מכירים את עצמם ומבינים את עולמם
  - מתקשרים בצורה יצירתית ואקספרסיבית באמצעות דיבור וכתיבה
  - מפגינים מסוגלות עצמית בביטחון ואופטימיות ביכולתם ללמוד וליצור חברויות חדשות ולשמור עליהם
  - מפגינים מודעות אישית, רווחה אישית ואחריות שהם מיחסים להכרת המדריך הפנימי שלהם, הבנת מחשבה ושימוש בתובנות
  - מראים כבוד לעצמי, למשפחה ולקהילה
  - מווסתים את עצמם באופן טבעי על ידי האזנה לשכל הישר שלהם לפני שהם פועלים
- מציגים מיומנויות דיון וכתיבה על רעיון התמונה הגדולה הבא:

"אף פעם לא מאוחר לחלום ואם הלב והמחשבות שלכם
טהורים, חלומותיכם יכולים להתגשם"

(Banks, 2004, p. 68)

תזכורת של מטרות מפתח

לכל פרק שתי מטרות למידה רחבות: מודעות ואחריות לרווחה אישית. עם המיקוד המיוחד של פרק 8, מה אומרים לכם התלמידים שהם גילו?

פעילויות

השתמשו ב*מדדי ההערכה* להערכת פעילויות מפת חשיבה, מטאפורה אישית ורשומת יומן.

פרטי הערכה מסכמת של התלמידים

לאחר שהתלמידים השלימו את טופסי ההערכה המסכמת, הם יכולים להשוות להערכה המקדימה שלהם ולדון בהתקדמות שלהם עם המורה או עם כל הקבוצה. הערכה עצמית זו כוללת תוצאות לגבי שתי המטרות הרחבות של המפ"ש: (1) מודעות לרווחה אישית ו (2) תקשורת, חשיבה ואחריות אישית וחברתית. להלן מידע נוסף.

מערך שיעור פרק 9 - מילים עוצמתיות מעשירות את חייכם

התחילו באוריינטציה: מצאו את הכיוון

פרק אחרון זה מפרט אוצר מילים חשוב להקניית מילים עוצמתיות המשמשות בכל אחד מהפרקים הקודמים. הפנו את התלמידים לדפים אלה כדי למצוא את משמעות מילות המפתח הללו ועל מנת להעשיר את שפתם. רשימות המילים בכל פרק עשויות גם לשמש כמילות מפתח לקבוצות דיון קטנות ולכתיבה רפלקטיבית.

תוספת מצוינות למפ"ש

לאחר השלמת המפ"ש, מומלץ לקרוא את הספר המיוחד *ליזה היקרה* מאת סידני בנקס (2004). רומן זה הוא ספר ילדים מצוין שאפשר ליהנות ממנו לפני, במהלך או אחרי השלמת המפ"ש. הנה מובאה מהכריכה האחורית של הספר ליזה היקרה:

"ברומן המקסים ומחמם הלב הזה, סידני בנקס אורג סיפור בלתי נשכח על יתומה ענייה אך מאושרת שחיה בשכונות העוני של לונדון של המאה ה-19. מאוצר מכתבים שהשאירה לה אמה, ליזה לומדת הבנה ייחודית על החיים. בדרכה המיוחדת, חכמתה השקטה נוגעת בליבם ובחייהם של כל מי שהיא פוגשת."

המועדפים שלכם

בנוסף, כמורים בכיתה, אתם יכולים למצוא את הספרים המועדפים עליכם כדי להמשיך וללמד את העקרונות המוצגים במפ"ש. העקרונות הם יסודות ולכן מתחברים לכל סיפור או ספר.

מילה אחרונה למורים

לאחר שסיימתם את סדרת השעורים הזו, הקדישו זמן להתבוננות במה עבד ומה תוכלו לנסות בעתיד. שימו לב במיוחד למה שחכמתכם מגלה לכם על חווית ההוראה שלכם עם ***המדריך הפנימי שלי***. איך היא השפיעה לא רק על התלמידים שלכם, אבל גם עליכם? סידני בנקס ממליץ לנו לממש את הבחירה שלנו ולמצוא את החכמה הפנימית שלנו. ברגע שהיא נמצאה, אנו משתפים באופן טבעי וג'ון האטי ממליץ לנו לדעת את ההשפעה שלנו. זה היגיון פשוט. ברכות על השינוי שיצרתם בעולם!

מדדי הערכה

שיעור ראשון:

התלמידים ממלאים את טופסי ההערכה המקדימה לפני השיעור הראשון. אנא הדגימו כדי להבטיח שהתלמידים מבינים כיצד להשלים את טופס ההערכה. ספקו תמיכה בקריאה לפי הצורך.

בכל השיעורים:

המורים משתמשים בקריטריונים המתאימים להערכת הפעילויות השונות.

שיעור אחרון:

התלמידים ממלאים את טופסי ההערכה המסכמת.

המורים משלימים את "תצפיות הבזק" על כל תלמיד.

המורים והתלמידים משווים בין תוצאות ההערכה המקדימה להערכה המסכמת ודנים בשיאי התוצאות הללו. זה יכול להיעשות באופן פרטני כקבוצה. שימו לב במיוחד להגברת המודעות האישית, ההבנה, הרווחה והאחריות אישית. סכמו בחגיגה ומחויבות להשתמש **במדריך הפנימי** לאורך כל החיים (כולל המורים!)

הערה מיוחד: במידת האפשר, צוות משרד המחקר של מחוז בית הספר עשוי לפתח מערכת ממוחשבת יעילה לאיסוף נתונים, ניתוח ודיווח של נתוני ההערכה המקדימה והמסכמת למורה בכיתה. ניתן לפתח גם דוחות תלמידים בודדים וגם דוחות כיתתיים. עשוי להיות מועיל לשתף את התוצאות עם צוות ההנהלה המתאים או פקידי המחוז למטרות הערכה ותכנון של התכנית.

הערכה מקדימה והערכה מסכמת לתכנית *המדריך הפנימי שלי*

שם: _____ כיתה: _____ תאריך: _____

אנא מלא/י טופס זה לפני השיעור הראשון ואחרי השיעור האחרון!

הקף את התשובה שנכונה עבורך עבור כל הצהרה	כמעט אף פעם לא	לעיתים רחוקות	לפעמים	לרוב	כמעט תמיד
1. אני שמח/ה בחיי	כמעט אף פעם לא	לעיתים רחוקות	לפעמים	לרוב	כמעט תמיד
2. אני מחכה לרעיונות טובים שיבואו לי	כמעט אף פעם לא	לעיתים רחוקות	לפעמים	לרוב	כמעט תמיד
3. כשאני דואג/ת אני מרפה	כמעט אף פעם לא	לעיתים רחוקות	לפעמים	לרוב	כמעט תמיד
4. אני רוכש/ת חברים בקלות	כמעט אף פעם לא	לעיתים רחוקות	לפעמים	לרוב	כמעט תמיד
5. אני חושב/ת יותר מדי	כמעט אף פעם לא	לעיתים רחוקות	לפעמים	לרוב	כמעט תמיד
6. אני אוהב/ת את עצמי	כמעט אף פעם לא	לעיתים רחוקות	לפעמים	לרוב	כמעט תמיד
7. אני תופס/ת את עצמי כשאני מתעצבן/ת	כמעט אף פעם לא	לעיתים רחוקות	לפעמים	לרוב	כמעט תמיד
8. אני תלמיד/ה טוב	כמעט אף פעם לא	לעיתים רחוקות	לפעמים	לרוב	כמעט תמיד
9. אני יודע/ת ממי לבקש עזרה	כמעט אף פעם לא	לעיתים רחוקות	לפעמים	לרוב	כמעט תמיד
10. אני נישאר/ת מחוץ לעימותים עם אחרים	כמעט אף פעם לא	לעיתים רחוקות	לפעמים	לרוב	כמעט תמיד
11. אני אוהב/ת את הרגשות שלי	כמעט אף פעם לא	לעיתים רחוקות	לפעמים	לרוב	כמעט תמיד
12. עמוק בפנים אני יודע/ת מה הדבר הנכון לעשות	כמעט אף פעם לא	לעיתים רחוקות	לפעמים	לרוב	כמעט תמיד

הערכה מסכמת:

מה הדבר החשוב ביותר שלמדת מ'*המדריך הפנימי שלי*' שבאמת עזר לך?

"תצפית בזק" של המורה על כל התלמיד

לפני מילוי טופס זה, בדקו את התקדמותו של כל תלמיד על סמך השוואה בין ההערכה המקדימה והמסכמת שלהם. התבוננו ואז מלאו את "תצפית הבזק" הזו כדי לדווח על התצפיות העיקריות שלכם. קחו זמן עם כל תלמיד או תלמידה והקשיבו לתחושתם לגבי התקדמותם האישית. ואז שתפו את התצפיות שלכם.

שם: _____   תאריך: _____

מודעות לרווחה אישית
לעיתים רחוקות   1   2   3   4   5   בדרך כלל
תצפיות, הערות:

אחריות תקשורתית, חשיבתית, אישית וחברתית
לעיתים רחוקות   1   2   3   4   5   בדרך כלל
תצפיות, הערות:

מידע רלוונטי על התלמיד

נוכחות
עדיין לא עונה על הציפיות   1   2   3   4   5   עונה לחלוטין על הציפיות

ביצועים אקדמיים בכיתה
עדיין לא עונה על הציפיות   1   2   3   4   5   עונה לחלוטין על הציפיות

התנהגות חברתית בכיתה ומחוצה לה
עדיין לא עונה על הציפיות   1   2   3   4   5   עונה לחלוטין על הציפיות

השתתפות בכיתה
עדיין לא עונה על הציפיות   1   2   3   4   5   עונה לחלוטין על הציפיות

תצפיות, הערות:

מדדים להערכת פעילויות השיעורים

שם: _____ תאריך: _____

סולם הערכה

5	טוב במיוחד, עומד בצורה ברורה בכל הקריטריונים או עולה עליהם.
4	טוב מאוד, עונה על כל הקריטריונים ועולה על כמה קריטריונים
3	טוב, עונה על כל הקריטריונים
2	פחות מהמקובל, עונה על כמה קריטריונים, להציע תמיכה
1	הבנה מוגבלת, עומד בקריטריונים מעטים, בהתקדמות, להציע התאמות / שינויים

קריטריונים לאמנות	1	2	3	4	5

- מקורי
- תופס מהות
- שימוש יעיל במרחב
- שימוש בחומרים שונים (צבע, הצללה ודיו)

קריטריונים למפת מעגלי שייכות	1	2	3	4	5

- מתחשב
- מראה קשרים
- מדויק
- קריא

קריטריונים לדיון	1	2	3	4	5

- חסר משוא פנים כלפי אנשים אחרים
- מראה כבוד כלפי עמדותיהם של אחרים
- חולק השקפה משלו
- מסוגל לראות את "התמונה הגדולה"

קריטריונים לציור קיר	1	2	3	4	5

- בהיר ומסודר
- שימוש יעיל במרחב
- צבעוני
- מדויק

קריטריונים למטאפורה אישית	1	2	3	4	5

- שימוש בדימוי חזק
- איכויות אותנטיות
- שימוש יעיל במרחב
- מסודר

קריטריונים לכתיבת שיר	1	2	3	4	5

- מראה עומק מחשבה
- מאורגן
- משתמש בשפה תיאורית
- יוצר אווירה

קריטריונים לדקלום שיר	1	2	3	4	5

- מוכן
- מדויק
- מדבר בצורה ברורה
- בעל בטחון עצמי

קריטריונים לפוסטר	1	2	3	4	5

- אינפורמטיבי, מסודר
- שימוש יעיל במרחב
- צבעוני
- מדויק

קריטריונים להתבוננות וכתיבה ביומן	1	2	3	4	5

- משתמש ב"אני"
- מתחשב
- מראה הקשרים
- מראה תובנות

קריטריונים לסיפור מחדש	1	2	3	4	5

- מפגין נכונות
- משתתף באופן פעיל
- מציין התחלה, אמצע וסוף הגיוניים
- בעל בטחון עצמי

קריטריונים לשיתופים	1	2	3	4	5

- מפגין נכונות
- מבטא רעיונות בצורה ברורה
- בעל בטחון עצמי
- מתקשר בצורה יעילה

קריטריונים לכתיבת מחשבות	1	2	3	4	5

- עומק מחשבה
- מפורט
- הגיוני
- מתקשר ביעילות
- כללי שפה נכונים

שילוב המפ"ש במערכת החינוך

כאנשי חינוך אתם ללא ספק נדרשים לעמוד ביעדי למידה רשמיים ובתקנים של מיומנויות התלמידים. *המפ"ש* נועד לעזור לכם לעשות זאת.

בהקשר הנוכחי של מדיניות החינוך

תוך כדי כתיבת מדריך למורים זה, משרד החינוך של קולומביה הבריטית בקנדה מפתח תכנית לימודים חדשה הכוללת "פרופיל מיומנויות למודעות ואחריות אישית." *המפ"ש* עולה בקנה אחד עם קווים מנחים חדשניים אלה.

הגרסה העדכנית ביותר של עבודה זו קובעת: "מודעות ואחריות אישית היא אחת משלוש המיומנויות הקשורות זו בזו המתייחסות לתחום הרחב של למידה חברתית ורגשית." תכנית הלימודים מסבירה עוד שמודעות ואחריות אישית כוללת: נחישות, וויסות עצמי ורווחה. משרד החינוך דן ברווחה אישית בדרך זו:

> **"תלמידים מודעים ואחראים אישית מכירים באופן בו החלטותיהם ופעולותיהם משפיעים על בריאותם הנפשית, הפיזית, הרגשית, החברתית, הקוגניטיבית והרוחנית, ולוקחים אחריות הולכת וגוברת על הטיפול בעצמם. הם שומרים על בריאותם והם פעילים גופנית, מנהלים לחצים, ומביעים תחושה של רווחה אישית... הם מכירים בחשיבות האושר ובעלי אסטרטגיות שעוזרות להם למצוא שלווה במצבים מאתגרים."**
>
> (פרופיל למיומנות של מודעות ואחריות אישית, עמ' 3)

גם בבריטניה, קיים עניין בקידום רווחה אישית בבתי הספר. על פי "קידום ערכים בסיסיים בבריטניה כחלק מה-SMSC בבתי ספר", על בתי הספר "לקדם את התפתחותם הרוחנית, המוסרית, החברתית והתרבותית (SMSC) של תלמידיהם." בעידן הנוכחי, גוברת המודעות העולמית לצורך בתמיכה ובטיפוח רווחת התלמידים לאורך חייהם בכל מערכות החינוך. במובן זה תכנית הלימודים המקיפה (גן-י"ב) של המפ"ש היא משאב לכל אנשי החינוך ובתי הספר שלהם.

לא משנה היכן אתם נמצאים בעולם, תכני המפ"ש מתאימים ועומדים בדרישות נבחרות של מיומנויות שפה, חינוך לבריאות, חינוך לקריירה וחינוך אישי, חברתי, בריאותי וכלכלי. הם תומים בהכללה ועשויים לשמש לפיתוח מיומנויות תקשורת, חשיבה, למידה חברתית ורגשית, הכוללים קבלת החלטות, ניהול עצמי, מערכות יחסים בריאות ורווחה אישית. המפ"ש עשוי לשמש גם לפיתוח מיומנויות של אחריות אישית וחברתית, הכוללות זהות אישית ותרבותית חיובית, מודעות ואחריות אישית, בריאות רוחנית, כמו גם אחריות חברתית.

תלמידים בכל מקום יכולים לגלות את המדריך הפנימי, המכונה גם פשוט שכל ישר או חכמה. הם הופכים מודעים יותר ויותר ולוקחים אחריות על המחשבות והפעולות שלהם המשפיעות על הפוטנציאל האינטלקטואלי, היצירתי, החברתי, הרגשי והפיזי שלהם, כמו גם בריאותם הרוחנית. גישה לחכמה פנימית טבעית מייצרת שמחה, אהבה, חמלה ועוצמה אישית המובילים להצלחה אקדמית. העקרונות שעליהם תכנית לימודים זו מבוססת הם המפתח לבריאות נפשית מולדת המאופיינת באופטימיות, חוסן נפשי, ורווחה אישית.

הבנת עקרונות אלה למעשה תומכת ומגבירה את רווחתם, יעילותם והביטחון העצמי של התלמידים. היא משפרת את יכולתם לווסת את עצמם, להציב מטרות, ולקחת אחריות על בחירותיהם ופעולותיהם. עם הבנה, התלמידים הופכים סבלניים יותר לאורך זמן, מתמידים במצבים קשים כדי לפתור בעיות ברוגע ומבינים את היגיון האופן בו משפיעות פעולותיהם על עצמם ועל אחרים.

מטרות המפ"ש

העקרונות הנידונים בתכנית הלימודים של המפ"ש פועלים בכל בני האדם, כולל תלמידים בכל הגילאים. תכנית הלימודים מגן עד י"ב, מצביעה על הדרך לשלמות, לאושר, יצירתיות ורווחה אישית בכל חלקי החיים.

לפיכך, כל השיעורים בספרים I, II, ו-III של המפ"ש חולקים שתי מטרות אקדמיות מתאימות בכל העולם: **(1) טיפוח רווחה נפשית אישית מתוך הבנת עקרונות אלה; (2) פיתוח מיומנויות תקשורת, חשיבה ואחריות אישית וחברתית.**

גילוי המדריך הפנימי שלנו, המפתח ללמידה, משפר את היכולת לקבל החלטות, לנווט בחיים ולבנות מערכות יחסים בריאות. **גישה לחכמה טבעית זו תשפיע על רווחה נפשית, על בריאות רוחנית, על אחריות אישית וחברתית ועל זהות אישית ותרבותית חיובית. למידה חברתית-רגשית, כולל נחישות, ויסות עצמי ומסוגלות עצמית הם גם תוצאות טבעיות של מודעות גדולה יותר.** המפ"ש משיג שתי מטרות אלה על ידי שימוש בסיפורים, דיונים ופעילויות כתיבה ויצירה שונות, תוך כדי קידום מיומנויות שפה, כולל מדיה דיגיטלית.

יעדי למידה חינוכיים ומיומנויות

תכנית הלימודים של *המפ"ש* עונה גם על דרישות נוספות אלה המשותפות לרוב מערכות בתי הספר בעולם כמפורט להלן.

מיומנויות שפה

קריאה וצפייה: התלמידים ירחיבו את הידע שלהם ויישמו אסטרטגיות כדי להבין, להשוות רעיונות לידע קודם, להסיק מסקנות, להתבונן ולהגיב. התלמידים ישפרו את אוצר המילים שלהם בזמן שהם קוראים וצופים להנאתם, כדי לחקור רעיונות ולעורר יצירתיות. הם ישלבו טקסטים כדי ליצור תובנה ויתקשרו אחד עם השני נקודות מבט כדי להרחיב את החשיבה.

כתיבה וייצוג: התלמידים ירחיבו את מיומנויות התקשורת שלהם ויצרו טקסטים משמעותיים, כולל טקסטים חזותיים, המראים עומק מחשבה ורצף זמן הגיוני. התלמידים ישכללו טקסטים בעזרת אוצר מילים משופר, שפה ברורה וכללי לשון, דקדוק, איות ופיסוק נכונים. התלמידים ישתמשו ב"קול" מעורר ענין ויציגו טקסטים במגוון דרכים.

שפה מדוברת: הקשבה ודיבור הם יסודות ללימוד שפה ולפיתוח אוצר מילים, יצירת קשרים ונקודת מבט. התלמידים ירחיבו את הידע על ידי הקשבה לאחרים וכן יבינו מה הם בעצמם יודעים על ידי התבוננות, הבעת נקודת המבט שלהם ותקשורת באמצעות שפה מדוברת. התלמידים יעשו חזרות ויופיעו על מנת להשתמש בשפה ולדון במשמעותה.

יכולות תקשורת

התלמידים ישתפו מעצמם בשיחה על מנת לפתח הבנה ומערכות יחסים. התלמידים ישתפו פעולה בפעילויות, כולל שימוש יעיל במדיה דיגיטלית, לצורך הצגת עבודותיהם. התלמידים ירכשו ידע וישתפו את מה למדו באמצעות מצגות, ניטור עצמי והערכה עצמית.

יעדי חינוך לבריאות, חינוך לקריירה ויעדים חינוכיים אישיים, חברתיים, בריאותיים וכלכליים

התלמידים יגיבו בצורה הולמת לאפליה והטרדות, יגלו כבוד ויבינו מה הופך מערכת יחסים לבריאה ואיך לתחזק אותה. התלמידים יזהו מערכות יחסים תומכות, מחשבות ותחושות בריאות, ויבינו את ביטחונם האישי. התלמידים יפתחו גישה לידע התומך בהחלטות בריאות.

יכולות אישיות וחברתיות (למידה חברתית רגשית)

אחריות אישית: התלמידים יכולים לצפות את התוצאות של פעולותיהם. הם מבינים ונעשים מודעים יותר ויותר ולוקחים אחריות על מחשבות ופעולות המשפיעות על הפוטנציאל האינטלקטואלי, היצירתי, החברתי, הרגשי והפיזי שלהם, כמו גם בריאותם הרוחנית. הם גמישים ומקבלים החלטות אחראיות לגבי המחשבות שיש לפעול על פיהן, בהתבסס על הרווחה האישית שלהם ושל אחרים.

- **רווחה אישית:** באמצעות הבנת המדריך הפנימי, חכמה פנימית טבעית או שכל ישר הנוכחים תמיד, התלמידים לוקחים אחריות הולכת וגוברת לרווחה האישית שלהם, הכוללת את ביטחונם ואושרם. התלמידים מבינים שבריאות נפשית היא מצב של רווחה אישית.

- **נחישות:** התלמידים מבינים את כלל הסיבה והתוצאה שמחשבה יוצרת הרגשה ומחשבה היא "זרע" ההתנהגות. התלמידים מטפחים חמלה, בטחון עצמי ומודעות ליכולתם האישית להתמודדות עם אתגרים. התלמידים לומדים להיות התומכים הטובים ביותר של עצמם.

- **ויסות עצמי:** התלמידים בוחרים במדריך הפנימי שלהם (החכמה הפנימית הטבעית שלהם) כדי לווסת את התנהגותם בצורה יעילה ולשלוט בדחפים שלהם. התלמידים מגלים יושר, מניעים את עצמם ועובדים להשגת הצלחה.

אחריות חברתית: התלמידים הוגנים, יודעים להעריך נקודות מבט של אחרים ופותרים בעיות בדרכי שלום. הם מגלים אמפתיה, חמלה והבנה ותורמים לקהילה.

- **מערכות יחסים בריאות:** התלמידים מקשיבים, משתפים פעולה ומתקשרים בצורה ברורה. הם מגלים חמלה, אמפתיה והבנה, פותרים בעיות של אחרים ברוגע, מבקשים ומציעים עזרה בעת הצורך.

- **זהות אישית ותרבותית חיובית:** התלמידים מבינים שזהותם מתפתחת ככל שהם צוברים הבנה וניסיון בחיים. הם רואים שחכמה פנימית טבעית, בשילוב עם תכונות אישיות, יכולה לעזור להם לנווט בחיים. התלמידים מזהים אנשים שיכולים לתמוך בהם וגם רואים שהם עצמם יכולים להציע עזרה.

יכולות חשיבה: התלמידים יפתחו מודעות לכוח **המחשבה**, שהוא תהליך החשיבה בפעולה. הם יפיקו רעיונות יצירתיים תוך חקירת רלוונטיות וחיבור לרעיונות "התמונה הגדולה". הם ילמדו שלרעיונות שלהם יש ערך. התלמידים יבינו איך לשמור על תודעה אישית צלולה כדי לאפשר למחשבות חדשות להגיח. יהיו להם הזדמנויות לפתח רעיונות חדשים – תובנות - אשר ישנו מה שהם עושים בחיים. התלמידים יבחרו לאילו מחשבות לשים לב, מה שמוביל באופן הגיוני לתוצאות רצויות.

משאבים נוספים

Recommended Three Principles Resources

By Sydney Banks:
Books
Second Chance (1983)
In Quest of the Pearl (1989)
The Missing Link: Reflections on Philosophy and Spirit (1998)
The Enlightened Gardener (2001)
Dear Liza (2004)
The Enlightened Gardener Revisited (2005)

CDs

Attitude!	In Quest of the Pearl	Second Chance
Great Spirit, The	Long Beach Lectures	Washington Lectures
Hawaii Lectures	One Thought Away	What is Truth

DVDs
Hawaii Lectures (1-4)
Long Beach Lectures (1-4)
Washington Lectures (1-2)
The Ultimate Answer

Books, CDs and DVDs are available through:
sydbanks.com, amazon.com or
Lone Pine Publishing: 1-800-518-3541 (US) 1-800 875 7108
(Canada) Available in the UK and Europe from
SydneyBanksProducts.com

Continued Learning for Educators

The Power of the Three Principles in Schools four-part free online professional development series for educators created by Christa Campsall and Barb Aust. This series links to Sydney Banks *Long Beach* Lectures.
www.myguideinside.com/resources

Long Beach Lectures (1-4) video series of presentations by Sydney Banks.
www.sydbanks.com/longbeach/

Educators Living in the Joy of Gratitude (18 free recorded professional development programs facilitated by Kathy Marshall Emerson. These feature Barb Aust, Christa Campsall, and many other seasoned educators sharing the principles globally. Includes *MGI* curriculum orientation and official student focus group.) www.nationalresilienceresource.com/Educator-Preparation.html

Education and Three Principles Christa and Bob Campsall video presentation.
www.3pgc.org/photos-videos/details/?m=1185

Seeing Beyond Behavior in Youth Webinar with Christa Campsall.
https://vimeo.com/157500313

Selected Principles Publications for Educators

Aust, B. (2016). Field notes: Capturing the moment with a story. *ASCD Express*. Retrieved from www.ascd.org/ascd-express/vol12/1207-aust.aspx

Aust, B. (2013). *The essential curriculum: 21 ideas for developing a positive and optimistic culture*. Author.

Aust, B., & Vine, W. (2003, October). The power of voice in schools. ASCD *Classroom Leadership*, 7, 5, 8.

Campsall, C. (2005). Increasing student sense of feeling safe: The role of thought and common sense in developing social responsibility. Unpublished master's thesis. Royal Roads University, Victoria, British Columbia, Canada.

Marshall Emerson, K. (2015). "Resilience research and community practice: A view from the bridge." Paper presented to the Pathways to Resilience III, 6/19/2015, Halifax, Nova Scotia.

Marshall, K. (2005, September). Resilience in our schools: Discovering mental health and hope from the inside-out. In D. L. White, M. K. Faber, & B. C. Glenn (Eds.). *Proceedings of Persistently Safe Schools 2005*. 128-140. Washington, DC: Hamilton Fish Institute, The George Washington University for U.S. Department of Justice, Office of Juvenile Justice and Delinquency Prevention.

Marshall, K. (2004). Resilience research and practice: National Resilience Resource Center bridging the gap. In H. C. Waxman, Y. N. Padron and J. Gray (Eds.). *Educational resiliency: student, teacher, and school perspectives*. Pp. 63-84. Greenwich, CT: Information Age Publishing.

Marshall, K. (November, 1998). Reculturing systems with resilience/health realization. *Promoting positive and healthy behaviors in children: Fourteenth annual Rosalynn Carter symposium on mental health Policy*. Atlanta, GA: The Carter Center, pp. 48-58.

Websites

3 Principles Ed Talks: www.myguideinside.com.
National Resilience Resource Center: www.nationalresilienceresource.com.
Sydney Banks: www.sydneybanks.org.
Three Principles Foundation: www.threeprinciplesfoundation.org.

Instructional Materials for Pre K – 12 Learners

myguideinside.com

My Guide Inside Pre-K -12 Comprehensive Curriculum

Campsall, C. with Marshall Emerson, K. (2018). My Guide Inside, Learner Book I, Charleston, SC: Create Space Independent Publishing Platform.

Campsall, C. with Marshall Emerson, K. (2018). My Guide Inside, Teacher Manual, Book I, Charleston, SC: Create Space Independent Publishing Platform.

Campsall, C., Tucker, J. (2016). My Guide Inside, Learner Book II, Charleston, SC: Create Space Independent Publishing Platform.

Campsall, C. with Marshall Emerson, K. (2016). My Guide Inside, Teacher Manual, Book II, Charleston, SC: Create Space Independent Publishing Platform.

Campsall, C. with Marshall Emerson, K. (2017). My Guide Inside, Learner Book III, Charleston, SC: Create Space Independent Publishing Platform.

Campsall, C., with Marshall Emerson, K. (2017). My Guide Inside, Teacher Manual Book III, San Charleston, SC: Create Space Independent Publishing Platform.

Supplemental Children's Picture Book

Campsall, C., Tucker, J. (2017). *Whooo…has a Guide Inside?* Charleston, SC: Create Space Independent Publishing Platform.

המפ"ש בהקשר של מחקרים ותיאוריות עדכניות

MGI in Context of Current Research and Theory

The *MGI* comprehensive Pre-K-12 curriculum was developed to complement evidence based approaches to effective education and foster student resilience. *MGI* theory stands on the shoulders of significant educational and other relevant researchers such as, but not limited to: Bonnie Benard, Faye Brownlie, Robert Coles, Richard Davidson, Cheryl Dweck, Jenni Donohoo, Michael Fullan, John Hattie, Ann Masten, Parker Palmer, Michael Rutter, Leyton Schnellert, George Villiant, Roger Weissberg, Emmy Werner, Steven and Sybil Wolin.

In every country there are experts dedicated to bringing out the best in students. For example, with leadership of Kathy Marshall Emerson, the National Resilience Resource Center sees every youth as *at promise* rather than as *at risk*.

MGI focuses on simple principles operating in all students. Its objectives point to the promise inside every student to: **(1)** enhance Personal Well-being, and **(2)** develop Communication, Thinking, Social Emotional Learning, and Personal and Social Responsibility competencies. These general objectives may be customized to fit specific countries, systems, schools or classrooms.

Authors Barbara Aust and Kathy Marshall Emerson, education and resilience veterans, guided *MGI* conceptual development to clarify the "fit" between *MGI* and established cutting edge global educational efforts and research. These sample resources laying out the "Big Picture" in *MGI* may be especially helpful in discovering this alignment:

- "Personal Awareness and Responsibility Competency Profiles" from British Columbia's Ministry of Education provides the basis for *MGI* learning objectives at https://curriculum.gov.bc.ca/sites/curriculum.gov.bc.ca/files/pdf/PersonalAwarenessResponsibilityCompetencyProfiles.pdf
- "Fitting in with Other Programs" at http://www.nationalresilienceresource.com/ Fitting-In.html suggests how principles curriculum like *MGI* complements existing school initiatives and programs.
- "Educators Living in the Joy of Gratitude," facilitated by Kathy Marshall Emerson, includes 12 presentations by veteran educators describing learning, living and sharing the principles in schools globally for the last 40 years. Available from: https://three-principlessupermind.com/product/educators-living-in-the-joy-of-gratitude/
- *MGI* rests on an essential research base such as "References Relevant to BC's Curriculum Assessment and Transformation" at https://curriculum.gov.bc.ca/sites/curriculum.gov.bc.ca/files/pdf/references.pdf

For a deeper examination of relevant research see the selections that follow.

ADDITIONAL SCHOLARLY PUBLICATIONS

Education Research and Theory

Berk, L. (2007). *Development through the lifespan*. Boston: Allyn and Bacon.

Brownlie, F., & Schnellert, L. (2009). *It's all about thinking: Collaborating to support all learners.* Winnipeg, MB: Portage & Main Press.

Cicchetti, D., Rappaport, I., Weissberg, R. (Eds.). (2006). *The promotion of wellness in children and adolescents*. Child Welfare League of America. Washington, D.C.: CWLA Press.

Coles, R. (1990). *The spiritual life of children*. Boston: Houghton Mifflin Company.

Donohoo, J. (2016). Collective efficacy: *How educators' beliefs impact student learning*. Thousand Oaks: Corwin Press.

Dweck, C. (2006). *Mindset: The new psychology of success*. New York, NY: Random House.

Fullan, M. (2016). *Indelible leadership: Always leave them learning*. Thousand Oaks, CA: Corwin Press.

Fullan, M. (2001). *Leading in a culture of change*. San Francisco, Jossey-Bass.

Hattie, J. (2015). The applicability of visible learning to higher education. Scholarship of teaching and learning in psychology, 1(1), 79-91.

Hattie, J. (2011). *Visible learning for teachers: Maximizing impact on learning*. New York, NY: Routledge.

Hattie, J. (2009). *Visible learning: A synthesis of over 800 meta-analyses relating to achievement.* New York, NY: Routledge.

Palmer, P. (1998). *The courage to teach: Exploring the inner landscape of a teacher's life*. San Francisco: Jossey-Bass Publishing.

Reclaiming Youth International. (1990). *Circle of courage*. Retrieved from https://www.starr.org/training/youth/aboutcircleofcourage

Roehlkepartain, E., King, P., Wagener, L., & Benson, P. (Eds.). (2006). *The handbook of spiritual development in childhood and adolescence*. Thousand Oaks, CA: Sage Publications.

Schnellert, L., Widdess, N., & Watson, L. (2015). *It's all about thinking: Creating pathways for all learners in middle years*. Winnipeg, MB: Portage & Main Press.

Resilience Research and Theory

Benard, B. (2004). *Resiliency: What we have learned*. Oakland, CA: West Ed.

Benard, B. (1991). *Fostering resiliency in kids: Protective factors in the family, school, and community*. Portland, OR: Northwest Regional Educational Laboratory.

Benard, B. & Marshall, K. (1997). A framework for practice: Tapping innate resilience. *Research/Practice*, Minneapolis: University of Minnesota, Center for Applied Research and Educational Improvement, Spring, pp.9-15.

Davidson, R. J., & Begley, S. (2012). *The emotional life of your brain: How its unique patterns affect the way you think, feel and live – How you can change them*. New York: Hudson Street Press.

Marshall, K. (2004). Resilience research and practice: National Resilience Resource Center bridging the gap. In H. C. Waxman, Y. N. Padron and J. Gray (Eds.). *Educational resiliency: student, teacher, and school perspectives*. Pp. 63-84. Greenwich, CT: Information Age Publishing.

Marshall, K. (November, 1998). Reculturing systems with resilience/health realization. *Promoting positive and healthy behaviors in children: Fourteenth annual Rosalynn Carter symposium on mental health policy.* Atlanta, GA: The Carter Center, pp. 48-58.

Masten, A. (2014). *Ordinary magic: Resilience processes in development.* New York, NY: Guilford Press.

Rutter, M. (1990). Psychosocial resilience and protective mechanisms. In D. Ciccetti, A. Masten, K. Neuchterlein, J. Rolf, & S. Weintraub (Eds.), *Risk and protective factors in the development of psychopathology* (pp. 181-214). New York: Cambridge University Press.

Shapiro, S. & Carlson, L. (2009). *The art and science of mindfulness: Integrating mindfulness into psychology and the helping professions.* Washington, DC: American Psychological Association.

Sternberg, E., (2001). *The balance within: The science connecting health and emotions.* New York, NY: W.H. Freeman & Co.

Vaillant, G. (2012). *Triumphs of experience: The men of the Harvard grant study.* Cambridge: The Belknap Press of Harvard University Press.

Werner, E. & Smith, R. (2001). Journeys from childhood to midlife: Overcoming the odds. Ithaca, NY: Cornell University Press.

Werner, E. (2005). What can we learn about resilience from large-scale longitudinal studies? In S. Goldstein & R. Brooks (Eds.), *Handbook of resilience in children* (91-106). New York, NY: Kluwer Academic/Plenum.

Wolin, S.J. & Wolin, S. (1993). *The resilient self: How survivors of troubled families rise above adversity.* New York, NY: Villard Books.

Three Principles in Education

Aust, B. (2016). Field notes: Capturing the moment with a story. *ASCD Express.* Retrieved from www.ascd.org/ascd-express/vol12/1207-aust.aspx

Aust, B. (2013). *The essential curriculum: 21 ideas for developing a positive and optimistic culture.* Author.

Aust, B., & Vine, W. (2003, October). The power of voice in schools. *ASCD Classroom Leadership,* 7, 5, 8.

Campsall, C. (2005). Increasing student sense of feeling safe: The role of thought and common sense in developing social responsibility. Unpublished master's thesis. Royal Roads University, Victoria, British Columbia, Canada.

Marshall Emerson, K. (2015). "Resilience research and community practice: A view from the bridge." Paper presented to the Pathways to Resilience III, 6/19/2015, Halifax, Nova Scotia.

Marshall, K. (2005, September). Resilience in our schools: Discovering mental health and hope from the inside-out. In D. L. White, M. K. Faber, & B. C. Glenn (Eds.). *Proceedings of Persistently Safe Schools 2005.* 128-140. Washington, DC: Hamilton Fish Institute, The George Washington University for U.S. Department of Justice, Office of Juvenile Justice and Delinquency Prevention.

שורשי המדריך הפנימי שלי

המפ"ש הוא תוכנית הלימודים המקיפה הראשונה המבוססות על שלושת העקרונות. נשות החינוך הראשונות שהביאו בשקט את העקרונות לבתי הספר שלהן – ברברה אוסט וכריסטה קמפסול – החלו ללמוד מסידני בנקס ב-1975 בקולומביה הבריטית, בקנדה. ג'יין טאקר, מריקה מייאר ובוב קמפסול החלו גם הם ללמוד מסידני בנקס באמצע שנות ה-70 ועבדו כולם בבתי ספר עם תלמידים לאורך שנים רבות. ב-1993, קת'י מרשל מ"המרכז למשאבים לחוסן לאומי" שילבה את העקרונות בשני מיזמי בית ספר קהילתיים שפעלו לאורך 20 שנה בארה"ב. ב-2016 הופיעה סדרת הוובינרים העולמית "אנשי חינוך חיים בחדוות הכרת התודה" שתיעדה את חוויותיהם וניסיונם בשיתוף העקרונות "בתוך בתי הספר" של אנשי חינוך ותיקים בחינוך מהגיל הרך ועד סוף התיכון.

תוצאות הלמידה, חיים ושיתוף העקרונות בחינוך משלימים מאמצים רבים לשנות באופן יעיל את החינוך בכל שלביו. יש עניין גדל והולך בשילוב העקרונות במערכת החינוך ברחבי העולם. על מנת שיצלחו, על מאמצים אלה לעלות בקנה אחד עם תקני תכניות הלימודים העדכניים בכל מקום. במקרים מסוימים, מאמרים מבוססי-מחקר שהתפרסמו והתקבלו ע"י מומחים מספקים את ההכוונה הטובה ביותר. לרוב המדינות קווים מנחים שקל לגשת אליהם. הנה מדגם שלהם:

American Common Core State Standards Initiative. (2017). *About the Standards.* Retrieved from www.corestandards.org.

BC Ministry of Education. (2016). Curriculum. *BC's New Curriculum.* Retrieved from www. curriculum.gov.bc.ca/curriculum-updates.

BC Ministry of Education. (2016). *Personal Awareness and Responsibility Competency Profiles.* Retrieved from https://curriculum.gov.bc.ca/sites/curriculum.gov.bc.ca/files/pdf/PersonalAwarenessResponsibilityCompetencyProfiles.pdf

"Collaborative for Academic, Social, and Emotional Learning (CASEL). (2017)." *Core SEL Competencies.* Retrieved from http://www.casel.org/core-competencies/

"Personal, Social, Health and Economic (PSHE) Education." *Gov.UK.* Retrieved from http:// www.gov.uk

"Promoting Fundamental British Values as part of SMSC in Schools" (2014). *Gov.UK.* Retrieved from http://www.gov.uk

"Secondary National Curriculum." 02 Dec. (2014). Gov.UK. Retrieved from http://www.gov. uk

United Kingdom, HM Government. (January, 2017). *Gov.UK.* The Government's Response to the Five Year Forward View for Mental Health. Retrieved from https://www.gov.uk/government/publications/five-year-forward-view-for-mental-health-government-response

United Kingdom, HM Government. (December 2017). Transforming Children and Young People's Mental Health Provision: Provision of a Green Paper. Presented to Parliament by Secretaries of Departments of Health and for Education from https://www.gov.uk/government/uploads/system/uploads/attachment_data/file/664855/Transforming_children_and_young_people_s_mental_health_provision.pdf

תודות

לסידני בנקס היה אכפת עמוקות מצעירים. הוא ידע שאם נוכל לעזור לנוער שלנו, העולם יהיה "מקום הרבה יותר טוב." הוא היה אדם רגיל שעבר חוויה ששינתה אותו בצורה עמוקה מבפנים-החוצה. את שארית חייו, כדובר ציבורי וכסופר, הוא הקדיש לשיתוף שלושת העקרונות האוניברסליים שנחשפו בפניו: תודעה, מודעות ומחשבה.

כאשר מורים, מנהלי בית ספר ואנשי מקצוע במקצועות מסייעים אחרים למדו את העקרונות הללו, הם דיווחו בעקביות על תוצאות חיוביות במיוחד עם בני נוער ומבוגרים בבתי ספר, מרפאות לבריאות הנפש, עסקים, בתי כלא וסוכנויות קהילתיות. העקרונות שהמפ"ש משתף מתמקדים באנשים המגלים את החכמה הפנימית הטבעית ואת הבריאות הנפשית המולדת שלהם. הבנה זו זוכה כעת להכרה ולכבוד בינלאומיים. כולנו יכולים להיות אסירי תודה על ההזדמנות לחקור את מסר התקווה העמוק ומשנה החיים של העקרונות.

תודה מקרב הלב לצוות אנשי המקצוע שהתנדבו במסירות ועזרו ביצירת המפ"ש II. קת'י מרשל אמרסון, שכתבה יחד איתי את הספר למורה ואת הספר לתלמיד, טום טאקר שהפיק אמנותית את העטיפה ואת העימוד וג'ו אאוקוין שיצר את גרפיקת הינשוף המיוחדת שלנו. תודה גם לפסיכיאטר ביל פטיט על המכתב האישי שכתב המביע את אמונתו השלמה שהכוונת צעירים למדריך הפנימי שלהם משקמת את בריאותם הנפשית. המנהלים בארב אוסט, ד"ר מארג' הוקינס ולורי סמית' דנו באדיבות על חיים מתוך העקרונות בתכניות לגיל הרך.

אני אסירת תודה במיוחד לסופרת, מורת בית ספר יסודי והמנהלת, בארב אוסט, אשר כבר למעלה מארבעים שנה רואה את העקרונות מוציאים את המיטב מתלמידים ומורים. היא וקת'י קראו לעומק את סדרת המפ"ש וסיפקו קשרים חשובים בין העקרונות, הנחיות לתכניות לימודים ומחקרים מבוססים בנושאי חינוך, חוסן נפשי ותחומים נלווים. קת'י עודדה אותי במיוחד לצאת לדרך למשימה זו.

בעלי בוב קמפסול תרם תובנות ועודד אותי בכל צעד ושעל. בננו, מייקל, יצר את האתר הנלווה עבור *המפ"ש*. ארבעת הנכדים שלנו סקרו את הסיפורים ובחרו את גופן ההדפסה והתמונות לספר התלמיד II. לכל הילדים, הנוער והמבוגרים שהציעו את הצעותיהם והערותיהם לאורך כל הדרך והניעו הלאה את המפ"ש, תודה רבה רבה!

המחברת

סקירה כללית של תכנית הלימודים המקיפה של המדריך הפנימי שלי

המפ"ש הוא תכנית לימודים מקיפה הכוללת 3 חלקים, מגן הילדים עד י"ב, שהינה מבוססת סיפורים ומכסה תכנים מותאמים לרמת ההתפתחות, בתהליך למידה מתמשך לאורך כל שנות בית הספר. כמורים, אתם בוחרים את רמת המפ"ש המתאימה לתלמידיכם במסגרת החינוכית הספציפית שלכם: ספר I (מבוא, יסודי), ספר II (המשך, ביניים), ספר III (מתקדם, תיכון). בעזרת תכנית לימודים מקיפה זו, מנהלי בתי הספר יוכלו ליישם תכנית הדרכה רציפה לשיתוף שלושת העקרונות עם תלמידים תוך כדי שהם מתקדמים במסלול הלימודים.

מטרות *המדריך הפנימי שלי* (ספר II): העקרונות הנדונים בספר לתלמיד פועלים בכל האנשים, כולל כל נער ונערה. תכנית לימודים זו מצביעה על הדרך לשלמות, אושר, יצירתיות ורווחה בכל חלקי החיים. לפיכך למפ"ש שתי מטרות אקדמיות גלובליות: (1) לטפח רווחה נפשית אישית מתוך הבנת עקרונות אלה; (2) לפתח מיומנויות תקשורת, חשיבה ואחריות אישית וחברתית. המפ"ש משיג שתי מטרות אלה באמצעות סיפורים, דיונים ופעילויות כתיבה ויצירה שונות, תוך כדי קידום מיומנויות שפה ומיומנויות במספר תחומים נוספים.

גילוי המדריך הפנימי הוא המפתח ללמידה, והוא משפר את יכולתם של הילדים לקבל החלטות, לנווט בחיים ולבנות מערכות יחסים בריאות. גישה לחכמה טבעית משפיעה על רווחה נפשית ורוחנית, על אחריות אישית וחברתית, ועל זהות אישית ותרבותית חיובית. למידה חברתית-רגשית, כולל נחישות, ויסות עצמי, ויעילות עצמית, הם גם תוצאות טבעיות של מודעות גבוהה יותר לחכמה הפנימית/ "המדריך פנימי". הבנה זו ממקסמת את הרווחה האישית ומשפרת את האקלים הבית-ספרי, התנהגות התלמידים וביצועים אקדמיים.

מדריך למורים זה של המפ"ש מלווה את הספר לתלמיד **המדריך הפנימי שלי II**. הספר לתלמיד, תחת כותרת נפרדת, מציע דרך פשוטה ומלאת תקווה עבור תלמידים להיות מודעים לאופן שבו הם פועלים מבחינה נפשית מבפנים-החוצה. הבנה זו ממקסמת את הרווחה האישית, משפרת את האקלים הבית ספרי, את התנהגות התלמידים ואת הביצועים הלימודיים.

מדריך המורים המלווה את ספר II מכיל מערכי שעור, הערכה מקדימה ומסכמת, פעילויות, מדדי הערכה, ומשאבים משמעותיים. אנו מציגים עקרונות אוניברסליים ההופכים תכנית לימודים זו לשימושית בכל העולם עם כל סוגי התלמידים. בנוסף אנו מתייחסים להנחיות תכניות הלימודים מקנדה, בריטניה וארצות הברית.

- **המפ"ש** עונה על דרישות נבחרות של לימודי שפה, חינוך לבריאות אישית, חינוך לקריירה וחינוך לבריאות חברתית וכלכלית.
- המפ"ש תומך בהכללה ומפתח מיומנויות תקשורת, למידה רגשית חברתית, מודעות לרווחה אישית, אחריות חברתית וכישורי חשיבה.

המפ"ש מתאים לתלמידים בכל כיתות התיכון, תלמידים מבוגרים בתכניות שונות, תלמידים בחינוך ביתי, תלמידים בהכוונה עצמית הלומדים באופן עצמאי, תלמידים בשעורים פרטיים, במצבי יעוץ או אימון אישיים ובדיונים עם הורים. רמת הקריאה היא לגילאי *9-12*. באתר myguideinside.com מוצעים קטעי וידאו ומדיה דיגיטלית באנגלית ללא עלות. והכי חשוב, תכנית לימודים מקיפה זו מציעה מסגרת גמישה להתאמה ולשינוי כך שתתאים להבנת העקרונות של כל מורה ולצרכיהם של התלמידים.

אודות המחברות

כריסטה קמפסול (מימין) היא חלוצה בהצגת שלושת העקרונות לחינוך א׳-י״ב. מאז 1975, שלושת העקרונות מהווים את הבסיס לעבודתה כמורה בכיתה, כמורה לחינוך מיוחד וכמדריכת מורים. כריסטה קיבלה הדרכה מסידני בנקס לאורך שנות הקריירה שלה והוא הסמיך אותה ללמד את שלושת העקרונות. היא בעלת BEd ו-DiplSpEd מאוניברסיטת קולומביה הבריטית ו-MA מאוניברסיטת רויאל רודס. היא ובעלה גרים בסולט ספרינג איילנד, קולומביה הבריטית.

קת׳י מרשל אמרסון (משמאל) היא מייסדת ומנהלת ״מרכז משאבים לחוסן לאומי״, המנחה הכשרות מבוססות על שלושת העקרונות לשינויים מערכתיים בבתי ספר ובקהילות. סדרת הוובינרים המקוונת החינמית שלה ״מחנכים חיים בשמחת הכרת הטוב״ זמינה ברחבי העולם. הסדרה מציגה תוצאות של מחנכים ותיקים בינלאומיים המשתפים את העקרונות במשך למעלה מארבעים שנה בכיתות, בסדנאות בית ספריות ובהשתלמויות סטודנטים. היא בעלת תואר שני מאוניברסיטת דרום קליפורניה וחברת סגל משלים באוניברסיטת מינסוטה.

מה אומרים אנשי מקצוע על המדריך הפנימי שלי

"תכנית לימודים זו שחוברה להפליא היא חובה למנהלי בתי ספר, מורים ועוזרי מורים. היא מכוונת את המחנכים והתלמידים למצב נפשי טבעי של רווחה. כל המשתתפים מקבלים הזדמנויות רבות ללמוד מתוך שמחה וגישה לשכל הישר ולחכמה המולדת בכל תחומי החיים. ***המדריך הפנימי שלי*** הוא גישה הוליסטית שבבסיסה מהות האנושיות שלנו."

דין ריס אוונס, *MSc*
מורה, חוקר, מנחה לרווחה נפשית, מקסוויל, דרום וויילס החדשה, אוסטרליה

"הורים ומורים כאחד ימצאו שזהו משאב מועיל בעבודה עם ילדים ונוער כדי למצוא את החכמה הטמונה בכל אחד מהם, ולפתח אסטרטגיות לפתרון בעיות בעזרת המדריך המיוחד שלהם."

קלדה לוגן
מנהלת, סולט ספרינג איילנד, קולמוביה הבריטית, קנדה

"סיפורים אותנטיים אלה פשוטים ועם זאת עמוקים, ויש להם יכולת להוביל את התלמידים למדריך הפנימי שלהם."

ברב אוסט, *BEd, MEd,* **מנהלת, יועצת חינוכית וסופרת,**
סולט ספרינג איילנד, קולומוביה הבריטית, קנדה.

"היה לי מזל מדהים להכיר באופן אישי את סידני בנקס, וגדלתי מוקפת בהבנת שלושת העקרונות, שנשארה בלב הגישה שלי כמחנכת. עבדתי כמורה בבתי ספר בשכונות עוני של בלטימור, מיאמי והברונקס למעלה מ-12 שנים. על ידי שיתוף הבנה פשוטה זו, תלמידים יכולים להחליט כיצד הם רוצים לחוות את החיים באמצעות הבחירות שלהם לגבי מחשבה. ראיתי תלמידים אגרסיביים הופכים למשכיני שלום; ילדים ביישניים וחסרי ביטחון הופכים למנהיגים בטוחים, ואת רמת המודעות והאמפתיה עולה בתוך בית הספר כולו. אני שמחה ונרגשת לחשוב שילדים רבים יראו ויחוו את תכנית הלימודים הזו. להבנה זו הכוח לשנות את החינוך ואת החוויה הבית ספרית בקנה מידה עולמי!"

כריסטינה ג. פוקיו, מורה מנחה/מאמנת, ברונקס, ניו-יורק

"*המדריך הפנימי שלי* מביא ילדים ונוער במגע עם חכמתם שלהם. כריסטה וג'יין מזכירות לקוראים את כוח החשיבה שלנו ותומכות בנו לתרגל 'ידיעה' באמצעות הקשבה. המארג היפהפה של הסיפורים עוזר לקוראים 'לחשוב ולראות בצרה ברורה'. ספר זה הוא משאב יוצא דופן... מתנה לכל אחד מאיתנו."

ניה וויליאמס, מ.א.
יועצת הדרכה, איי המפרץ, קולומביה הבריטית, קנדה

"כמורה בעלת ניסיון רב שנים בעבודה עם ילדים ונוער, כולל ילדים בסיכון גבוה, שמסיבות רבות, לא צלחו היטב את מערכת החינוך, אני מקדמת בברכה תכנית לימודים מעוררת השראה זו בהערכה ובכבוד. סוף סוף קיימת שיחה אחרת שאפשר לנהל בבתי הספר, כזו שמלמדת דרך פשוטה וישרה להבטחת יציבות רגשית ומצבי נפש בריאים. זה החלק החסר שמערכת החינוך כל כך זקוקה לו."

סו פאנקייביץ', תואר ראשון, *PGCE*
מורה בכירה לשעבר ביחידה לחינוך מיוחד, יועצת חינוכית, קולצ'סטר, בריטניה

"כמנהל במשך למעלה משלושים שנה, הייתי לעיתים קרובות עד ממקור ראשון למאבקים חסרי המנוחה של ילדים ונוער רבים כשהם מתחילים להרגיש בנוח בתוך עורם. תכנית הלימודים הישירה, הפשוטה אך העמוקה של כריסטה עוזרת למורים להפנות בני נוער לכיוון אחר, למדריך הפנימי שלהם, למהות שלהם לחכמה שלהם. אני ממליץ למורים על המדריך הזה כמקור תמיכה רב עוצמה. הוא עוזר לכולנו לזכור מי אנחנו באמת... אהבה טהורה."

פיטר אנדרסון, *Cert. Edn. Adv. Diploma* (קיימברידג),
מנחה שלושת העקרונות, מנהל, יועץ, אסקס, בריטניה